GW01368229

Evi Binzinger, Stefan Delecat, Nick Robinson

ORIGAMIZAUBER

Originelle Ideen
Schritt für Schritt gefaltet

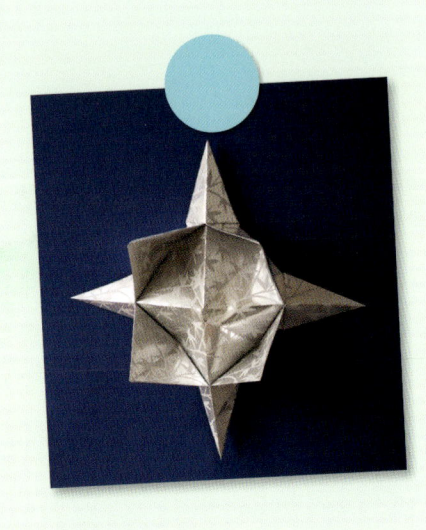

INHALT

Nelke	6
Von Herzen	8
Wirbel	10
Pinguin-Herz	13
Schachtel „Valentina"	16
Exotische Kaki	19
Tulpe	22
Wackeldackel	27
Schmetterlinge	30
Windlicht „Scarlett"	35
Stern „Gerhard"	38
Kranich	41
Kirschblüte	44
Lampionblume	47
Waldohreule	50
Blüte „Daisy"	54
Sternen-Würfel-Mobile	58
Krabbe	62
Kusudama-Blüte	66
Entenfamilie	70
Helikopter	74
Grundlagen	78
Autoren/Schwierigkeitsgrade Modell- und Bildnachweis	80

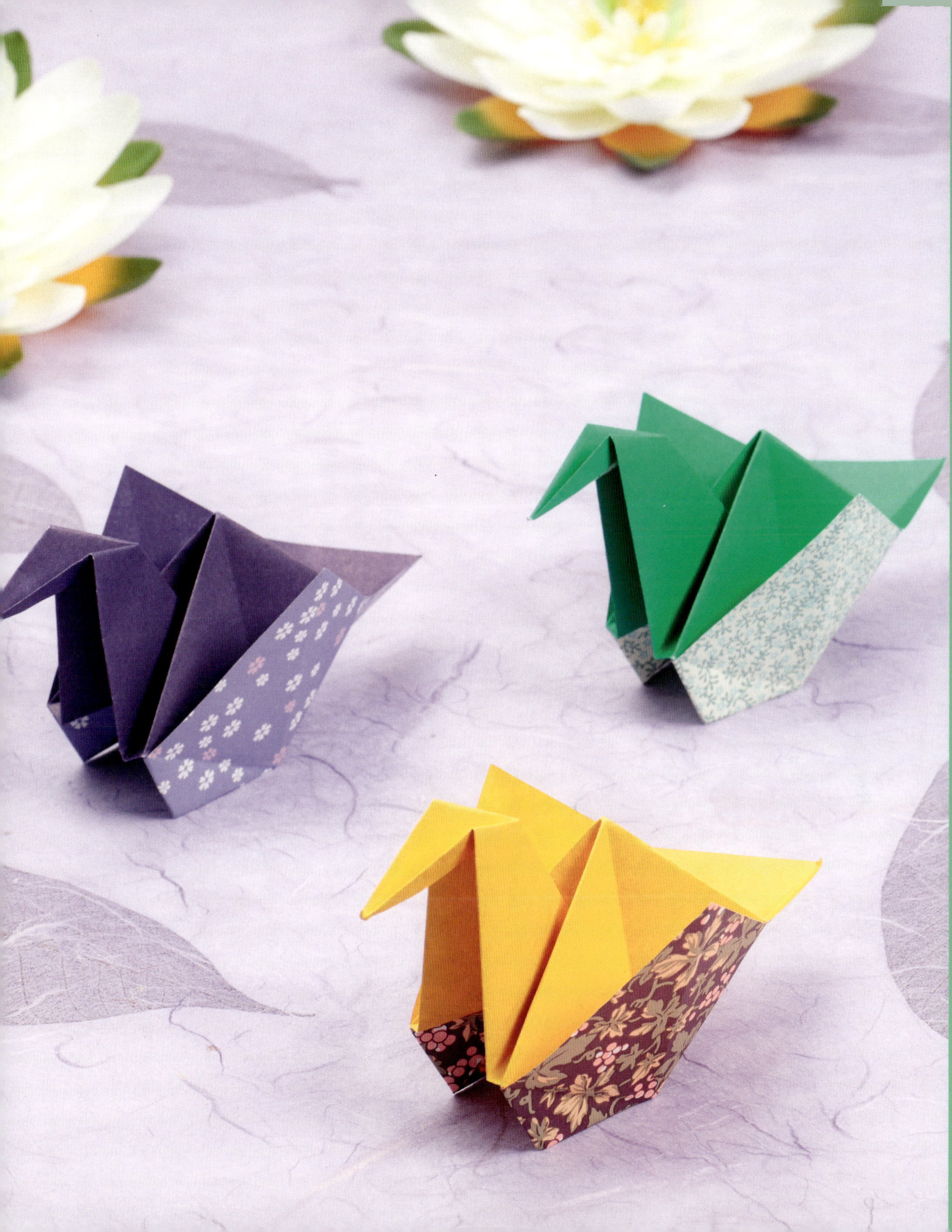

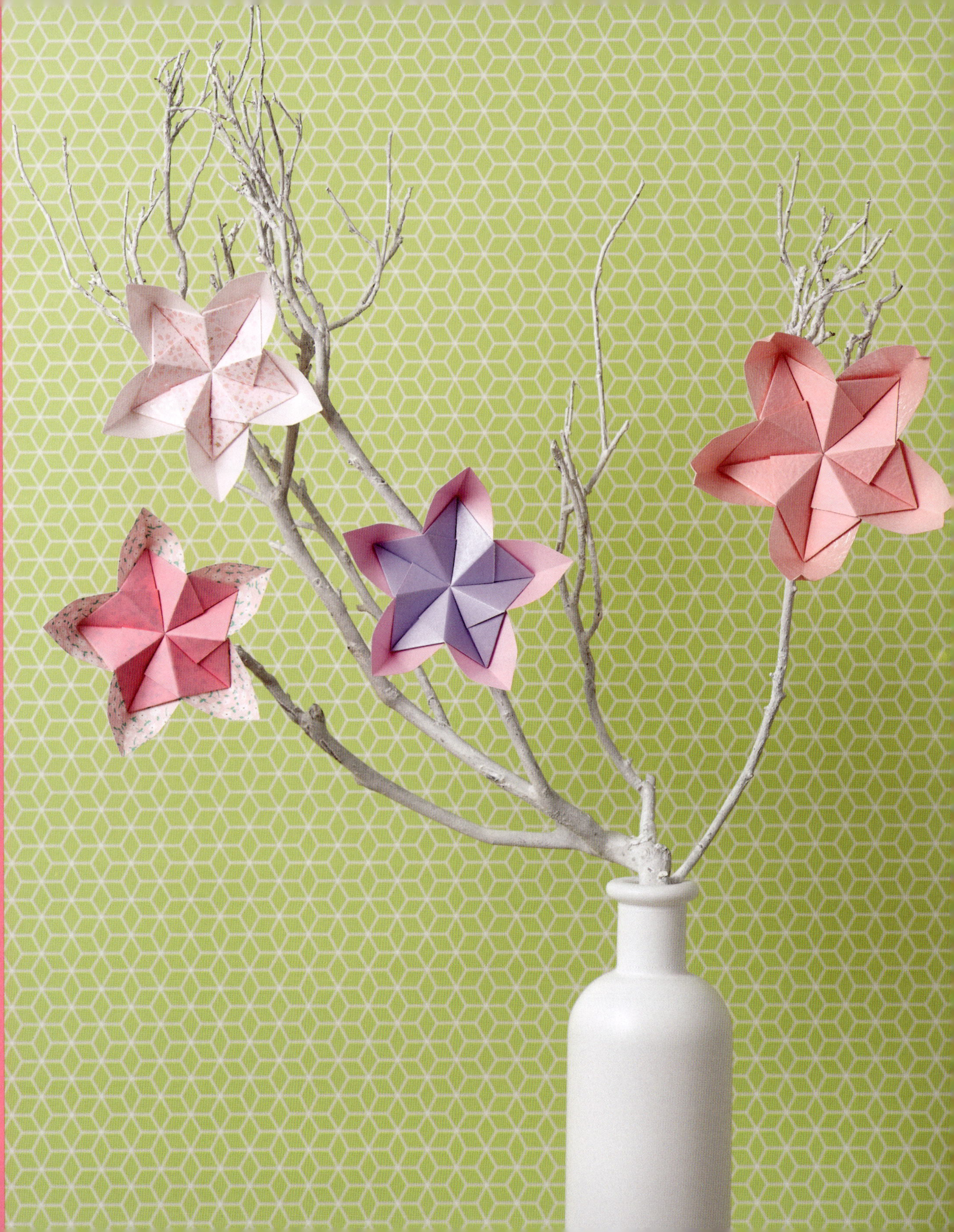

VORWORT

Herzlichen Glückwunsch zu Ihrem neuen Origamibuch!
Jetzt fehlt nur noch ein Blatt Papier und die Magie des Faltens
beginnt zu wirken. Deshalb Vorsicht – Origami hat Suchtpotenzial!

Damit auch nichts schief geht, hier noch ein paar Tipps vorab.

Als Einsteiger empfiehlt es sich zunächst die Grundlagen auf Seite 78 gründlich
durchzulesen. Wenn Sie sich einmal mit allen Faltsymbolen vertraut gemacht haben,
sind Sie in der Lage jede Faltskizze zu verstehen. Denn egal in welcher Sprache eine
Origamianleitung veröffentlicht wird, die Faltsymbole sind weltweit gleich.

Alle Modelle in diesem Buch sind mit Schwierigkeitsgraden von Einsteiger bis Geübte
gekennzeichnet. Sie steigern sich, je weiter Sie im Buch voranblättern. So können Sie
nach und nach Ihre Kenntnisse verbessern. Suchen Sie sich nur Faltungen aus, die
Ihren Fähigkeiten entsprechen. Lieber kleine Erfolge als großer Frust!

Jeder kann falten! Es erfordert nur Genauigkeit, etwas Geduld und vor allem Übung.
Wenn Sie an einer schwierigen Stelle nicht weiterkommen – nicht verzweifeln.
Lassen Sie Ihre Faltung über Nacht liegen und arbeiten Sie später weiter.
Ein neuer Tag bringt oft einen neuen Blickwinkel.

Falten Sie ein neues Modell nicht direkt aus Ihrem Lieblingspapier.
Üben Sie lieber zunächst mit einem Stück Kopierpapier. Wenn Sie eine Anleitung
einmal nachgefaltet und verinnerlicht haben, gelingt sie beim zweiten Anlauf
gleich viel besser und das Origamipapier zeigt keine unschönen,
weil falschen, Knickkanten.

Das Papier liegt bereit? Legen Sie los!

NELKE

Einfacher als diese Blume kann ein Faltmodell kaum sein. Sie wird aus zwei Teilen zusammengesetzt. Die Blüte wirkt in leuchtenden Farben am schönsten und ist hervorragend geeignet, um zum Beispiel eine Grußkarte zu verzieren.

von Nick Robinson · Größe: 10 cm

SCHWIERIGKEITSGRAD
★ ★ ★

MATERIAL
- 2 Blatt Kopierpapier in Pink, Rosa, Flieder oder Gelb und Dunkelgrün, ca. 80 g/m², je 10 × 10 cm

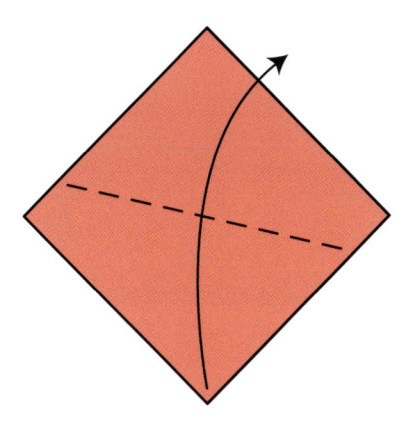

1. Zuerst die Blüte falten. Dafür die gewünschte Farbe auswählen und das Papier wie abgebildet ausrichten. Nun die untere Ecke schräg nach oben falten.

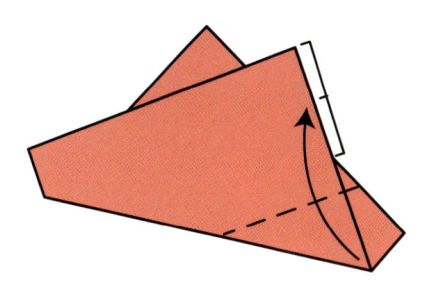

2. Die rechte untere Ecke circa zur Mitte der angegebenen Kante falten (siehe Skizze).

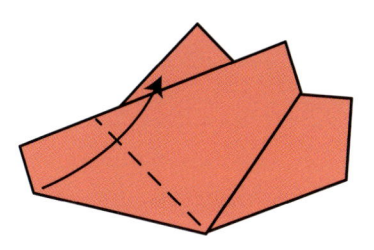

3. Dann die linke Ecke spiegelsymmetrisch zum vorherigen Schritt falten.

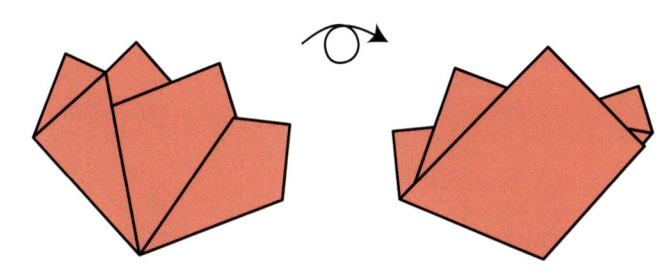

4. Modell wenden. So sieht die fertige Blüte aus.

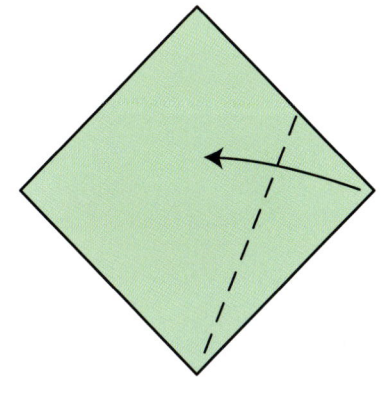

5. Das dunkelgrüne Papier nehmen und eine Seite etwa zur Mitte falten.

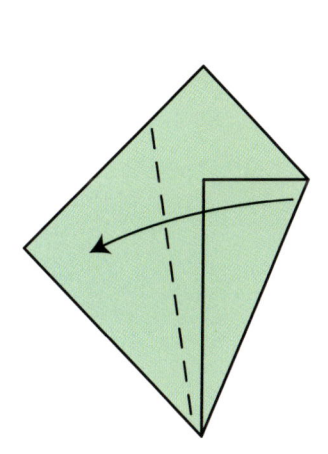

6. Die rechte Seite fast bis zum Rand nach links herüberfalten.

7. Zuletzt die Blüte in den Kelch stecken und mit Klebstoff fixieren.

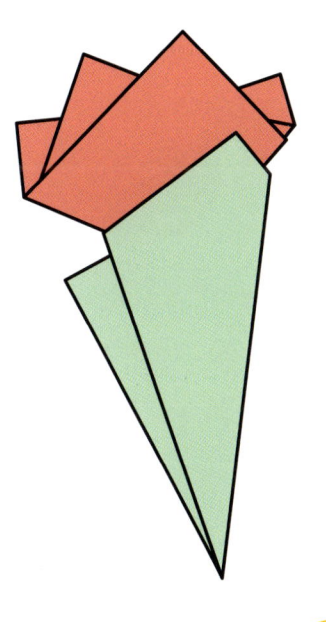

7

VON HERZEN

Das Herz-Symbol und Variationen dazu sind so beliebt, dass der aus Singapur stammende Origami-Autor Francis Ow dem Thema sogar ein ganzes Buch gewidmet hat. Eine besonders einfache Faltung für Last-Minute-Valentinstagsgrüße zeigen wir hier.

von Francis Ow · Größe: 10 cm

SCHWIERIGKEITSGRAD ★★★

MATERIAL
- Origamipapier in Rot, ggfs. gemustert, ca. 70g/m², 10 × 20 cm

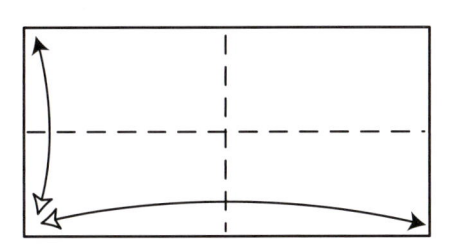

1. Die farbige Seite des Papiers zeigt nach unten. Beide Seiten zur Hälfte falten und wieder öffnen.

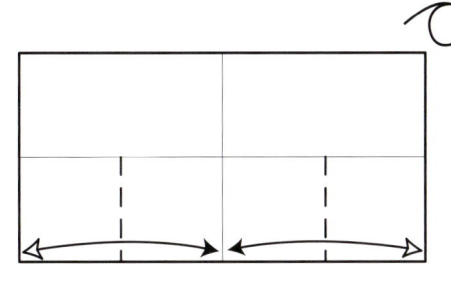

2. Die linke und die rechte Kante an die Mittellinie legen. Nur unten falten, wieder öffnen und das Modell wenden.

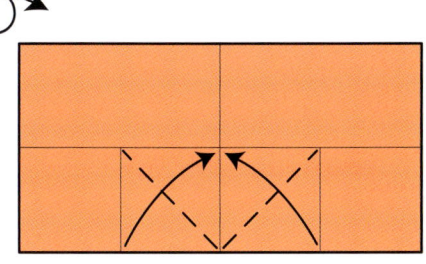

3. Wie abgebildet zwei Diagonalen falten.

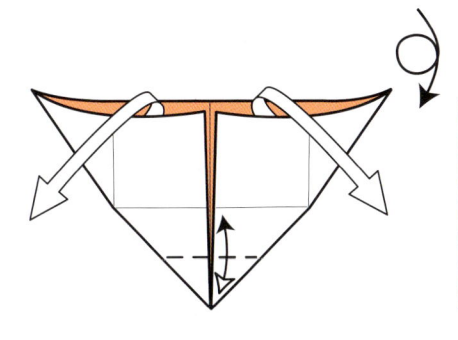

4. Die Spitze nach oben klappen und wieder öffnen. Dann das Modell komplett entfalten, wenden und gleichzeitig um 180° drehen.

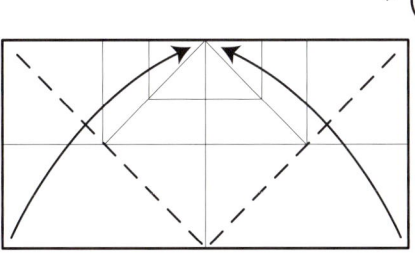

5. Die unteren zwei Ecken nach oben zur Mitte falten. Modell wenden.

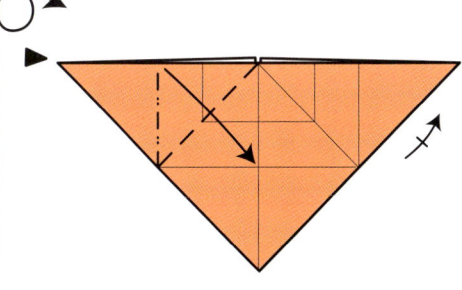

6. Die Faltkanten wie abgebildet ausformen, die linke Spitze zu einem Quadrat flachdrücken. Rechts wiederholen.

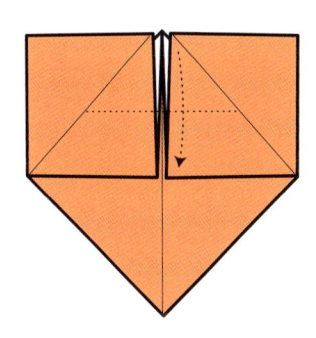

7. Die innen liegende Spitze an der Faltkante aus Schritt 4 nach unten falten und unter die oberen Papierlagen schieben.

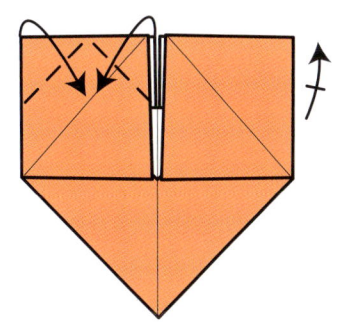

8. Auf der linken Seite wie abgebildet die zwei Ecken umfalten. Rechts wiederholen.

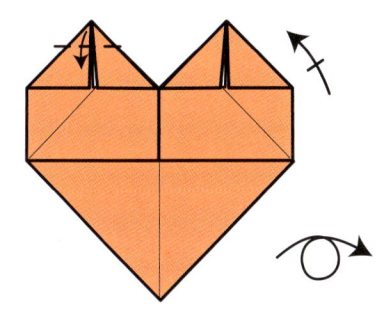

9. Obere Ecke falten. Rechts wiederholen. Modell wenden.

9

WIRBEL

Diese dekorative Spirale ist, an einem dünnen Faden aufgehängt, bereits eine edle Zimmerdekoration. Wird sie jedoch über der Heizung oder am offenen Fenster befestigt, dreht sie sich auch noch wie ein Wirbelwind.

von Nick Robinson · Größe: ca. 20 cm

SCHWIERIGKEITSGRAD ★★★

MATERIAL
- Kopierpapier in Weiß, Silber und Silber gemustert, ca. 80g/m², Din A4

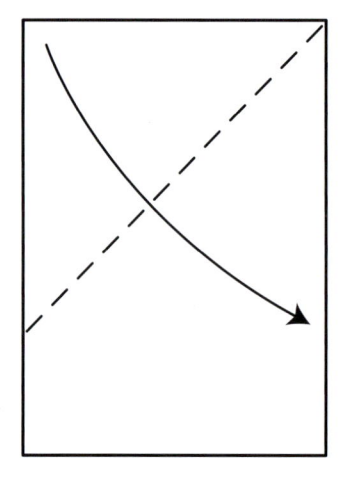

1. Die obere Kante an die rechte Kante legen und so eine Diagonale falten.

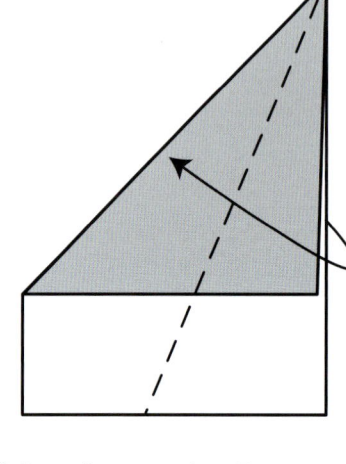

2. Dann die entstandene Form zur Hälfte falten.

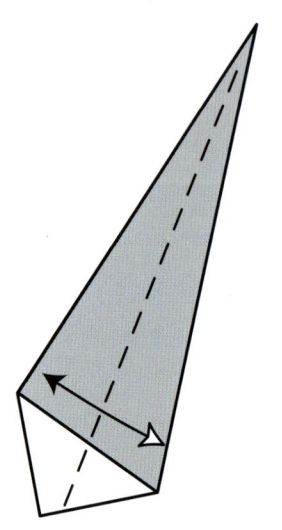

3. Erneut zur Hälfte falten und wieder öffnen.

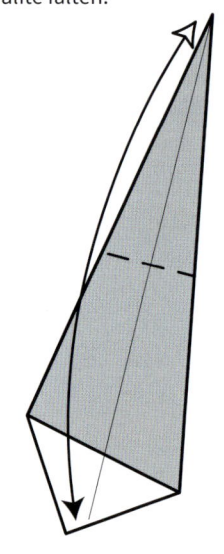

4. Die unterste Spitze auf die oberste falten und wieder öffnen.

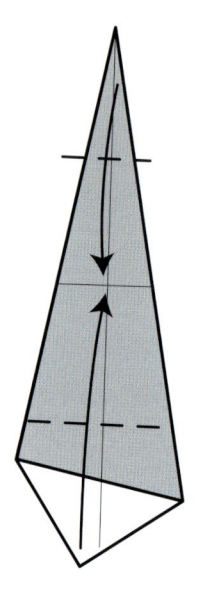

5. Beide Spitzen zur entstandenen Mittellinie falten.

TIPP

Wenn Sie ein anderes rechteckiges Ausgangsformat verwenden, verändern Sie die Dreheigenschaften der Wirbel. Auf diese Weise können Sie viele verschiedene Varianten herstellen.

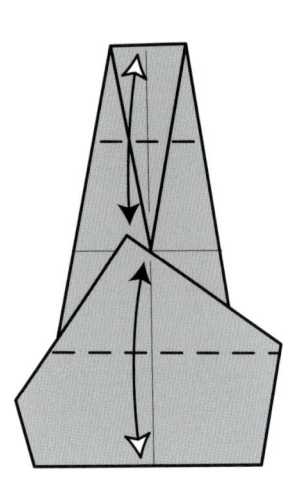

6. Die obere und untere Kante erneut zur Mitte falten und wieder öffnen.

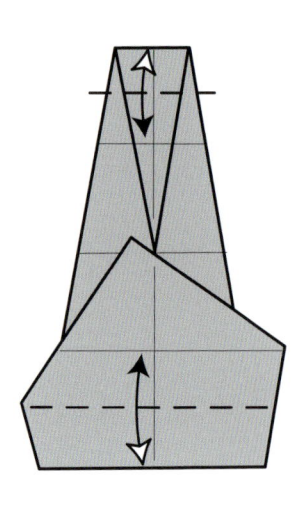

7. Die obere und untere Kante an die entstandenen Faltlinien aus Schritt 6 heranfalten und wieder öffnen.

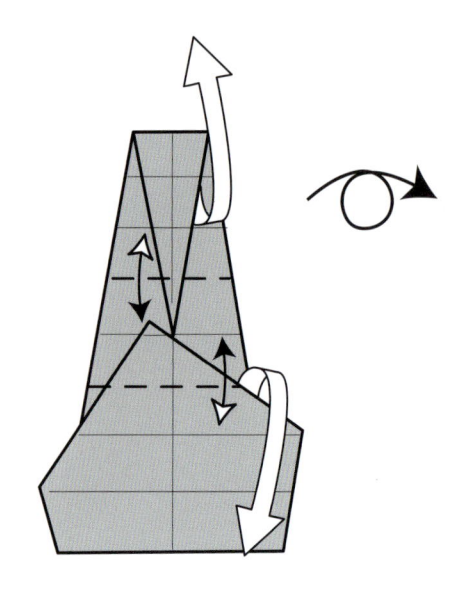

8. Wie abgebildet zwei weitere Unterteilungen falten. Anschließend das Modell oben und unten auseinanderfalten und wenden.

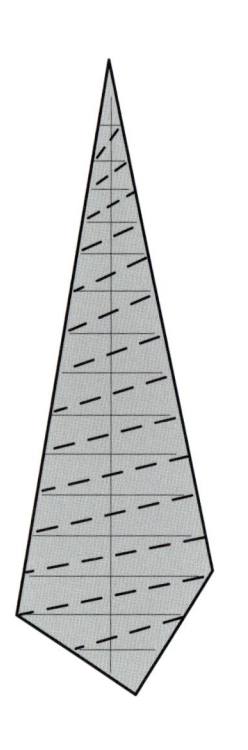

9. Es sind nun mehrere waagerechte Faltlinien zu erkennen. In jeden freien Abschnitt zwischen den Faltlinien wie abgebildet von Ecke zu Ecke eine Diagonale falten. Modell wenden.

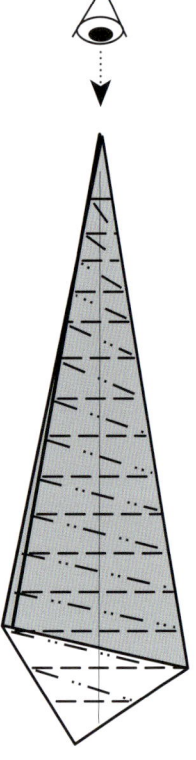

10. Die Falten wie abgebildet ausformen und im Zickzack zusammenlegen.

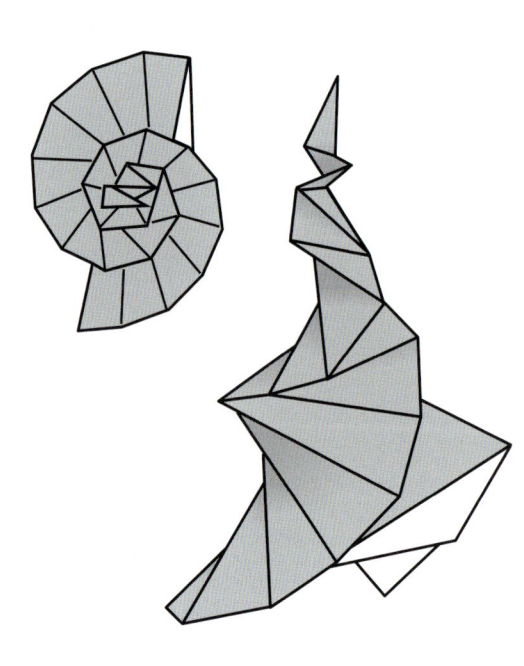

11. So entsteht aus dem Dreieck der geometrische Wirbel. Zuletzt zum Aufhängen des Modells an dessen Spitze einen dünnen Faden anbringen.

PINGUIN-HERZ

Bei den meisten Pinguinarten sind sich die Partner ein Leben lang treu. Den Winter verbringen die Paare getrennt voneinander im offenen Meer. Wenn sich die Partner dann in der Brutsaison mithilfe ihrer lauten Rufe wiederfinden, ist die Freude groß.

von Evi Binzinger · Größe: 7,5 cm

SCHWIERIGKEITSGRAD
★ ★ ★

MATERIAL
- Origamipapier in Dunkelblau-Weiß, ca. 60 g/m², 15 × 15 cm

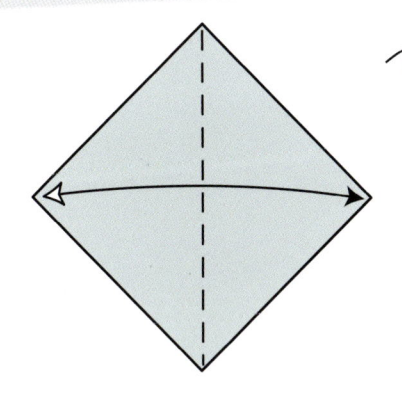

1. Das Papier wie abgebildet ausrichten, die blaue Seite liegt oben. Senkrechte Diagonale falten. Öffnen und wenden.

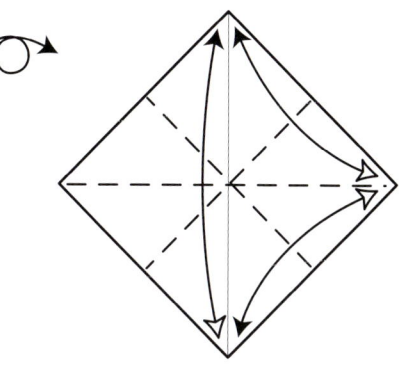

2. Die fehlende Diagonale falten und wieder öffnen. Dann das Quadrat in beide Richtungen zur Hälfte falten und wieder öffnen.

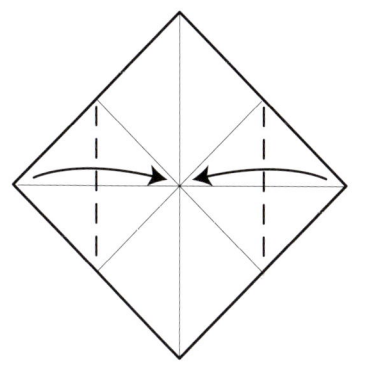

3. Zwei Ecken zur Mitte falten. Sie sollten sich nicht berühren.

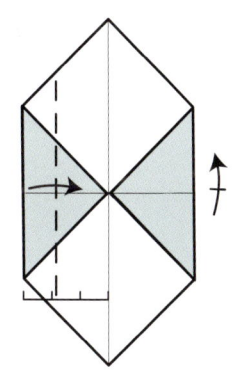

4. Auf der linken Seite etwas mehr als ein Drittel talfalten. Auf der rechten Seite wiederholen.

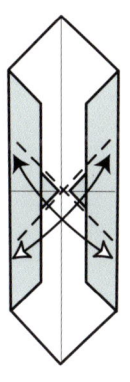

5. Die durch den Mittelpunkt verlaufenden Diagonalen falten und wieder öffnen.

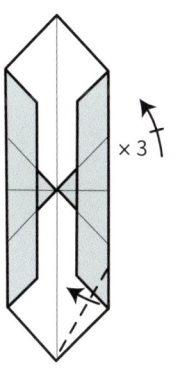

6. Dann die untere rechte Kante wie abgebildet etwas spitzer falten. An den anderen drei Seiten wiederholen.

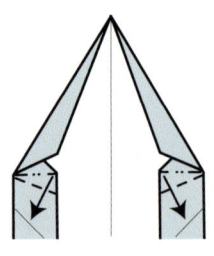

7. Verdeckte Flügel (innen liegende blaue Papierlage) herausziehen und mithilfe einer neuen Talfalte flachdrücken.

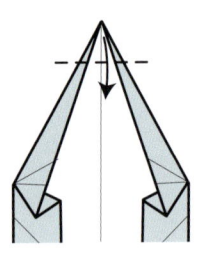

8. Spitze nach unten falten.

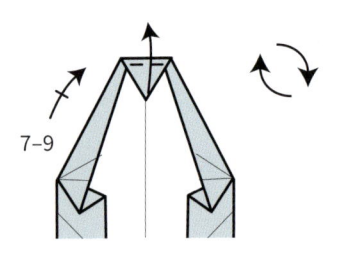

9. Einen schmalen Steg stehen lassen und Spitze wieder nach oben klappen. Schritte 7–9 an der unteren Spitze wiederholen. Modell um 90° drehen.

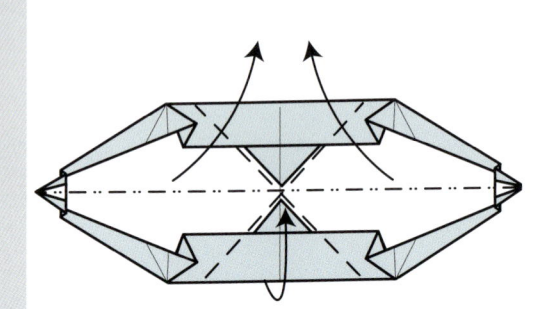

10. Die waagerechten Bergfalten der linken und rechten Seite an die senkrechte Mittelachse falten. Modell flachdrücken.

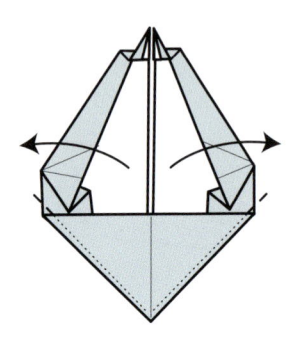

11. Die oberen Hälften ein Stück auseinanderziehen. Die Form durch Flachdrücken der neu entstandenen Kanten fixieren.

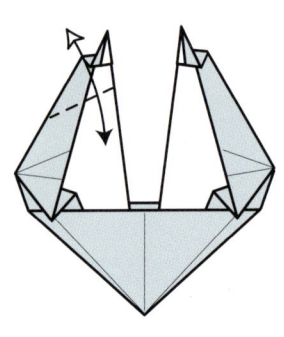

12. Linkes Kopfende nach rechts talfalten. Auf richtige Proportionen achten und wieder öffnen.

13. Linkes Kopfende leicht öffnen und zur Mitte hin umstülpen.

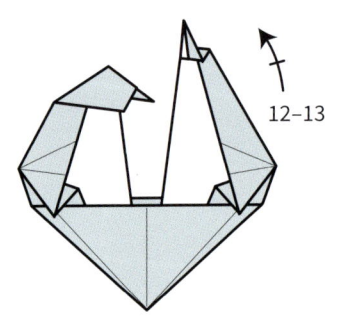

14. Schritte 12–13 rechts wiederholen. Gegebenenfalls Position der Körper noch etwas ausrichten.

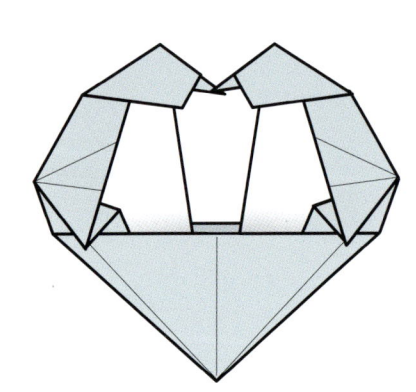

TIPP
Helfen Sie mit Klebstoff nach, wenn das Herz bei stärkeren Papieren zu voluminös wird.

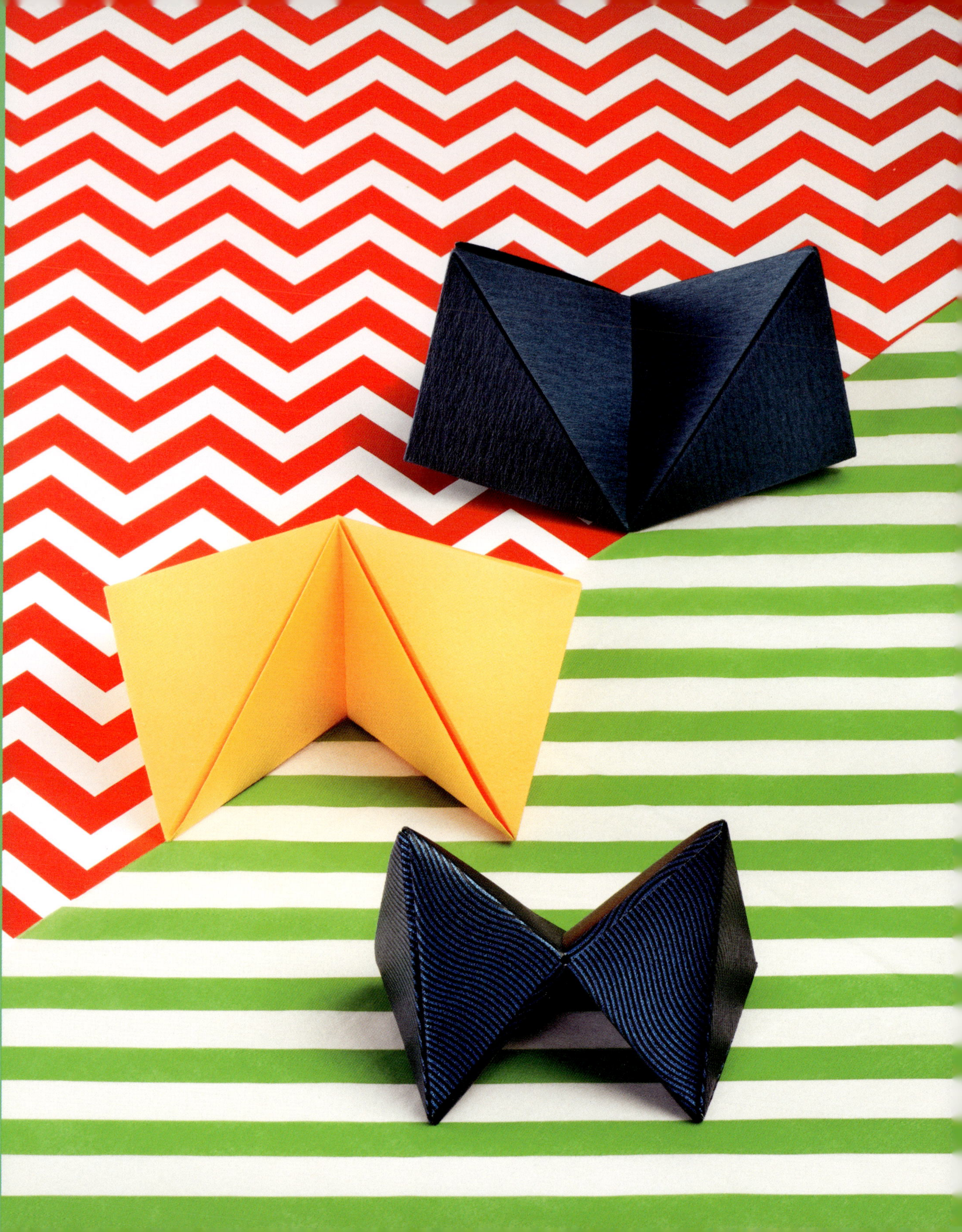

SCHACHTEL „VALENTINA"

Diese originelle Schachtel ist immer ein nettes Mitbringsel für gute Freunde. Dank ihrer besonderen Form lassen sich gut kleine Überraschungen wie Süßigkeiten, Schmuck o. Ä. darin verstauen, ohne dass der oder die Beschenkte erahnen kann, worum es sich handelt.

von Evi Binzinger · Größe: ca. 9 cm breit

MATERIAL
- Festes Papier in Gelb oder Dunkelblau gemustert, ca. 110 g/m², 25 × 25 cm

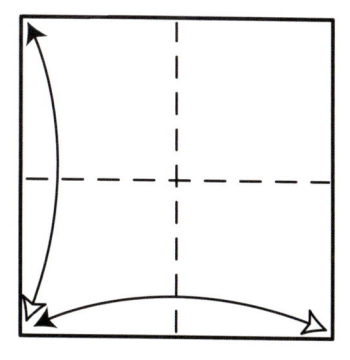

SCHWIERIGKEITSGRAD ★★★

1. Die Farbe, welche die Schachtel später haben soll, zeigt nach unten. Das Quadrat zweimal zur Hälfte falten und wieder öffnen.

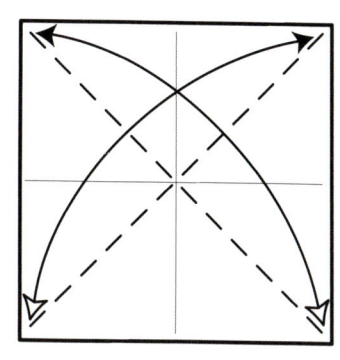

2. Beide Diagonalen falten und wieder öffnen.

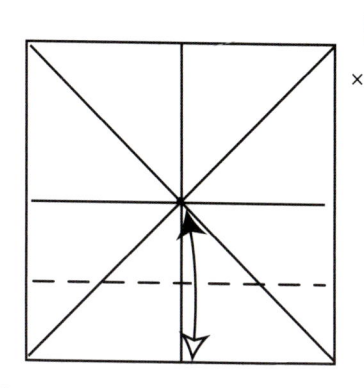

3. Die untere Kante an die Mittellinie falten und wieder öffnen. An den anderen Seiten wiederholen.

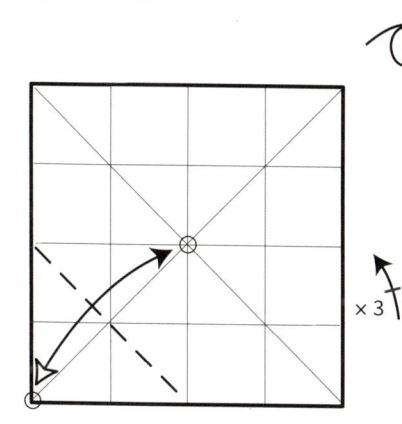

4. Die untere linke Ecke zur Mitte falten und wieder öffnen. An den anderen Ecken wiederholen. Modell wenden.

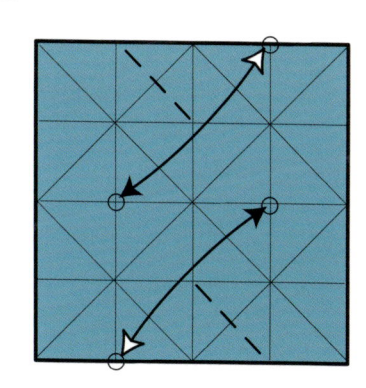

5. Im zweiten oberen Quadrat und im dritten unteren Quadrat von links je eine Diagonale falten und wieder öffnen.

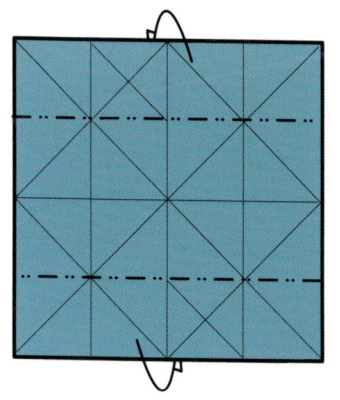

6. Die obere und untere Kante an den Faltkanten aus Schritt 3 nach hinten klappen.

17

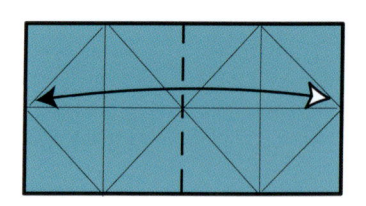

7. Das Rechteck einmal längs zur Hälfte falten und wieder öffnen.

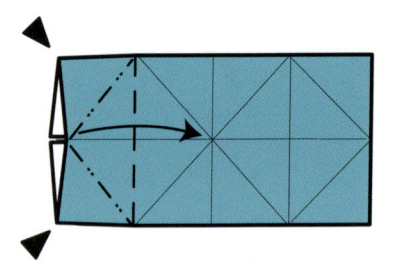

8. Nun die linke Kante zur Mitte falten, dabei die Faltkanten wie abgebildet ausformen und das hochstehende Papier zu zwei Dreiecken flachdrücken.

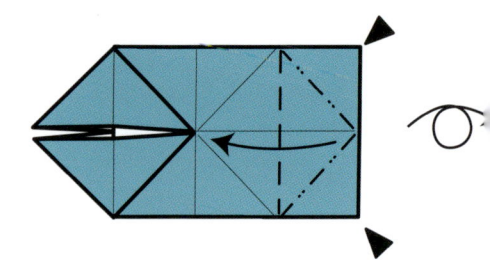

9. Schritt 8 auf der rechten Seite wiederholen. Modell wenden.

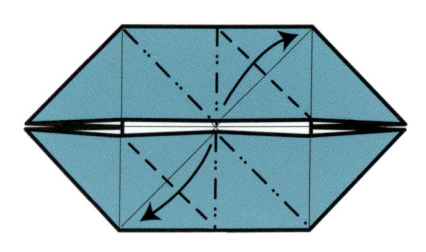

10. Die Faltkanten wie abgebildet ausformen und die obere Hälfte nach rechts, die untere Hälfte nach links aufklappen (siehe auch Schritt 11).

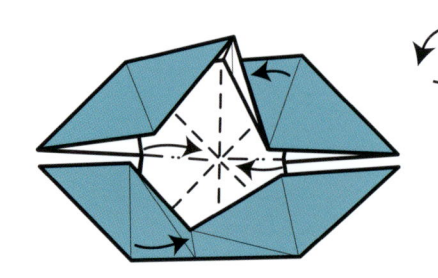

11. Die linke und rechte Seite zusammenschieben, bis die waagerechten Bergfalten in der Mitte des Modells aufeinander treffen. Modell um 90° Grad drehen.

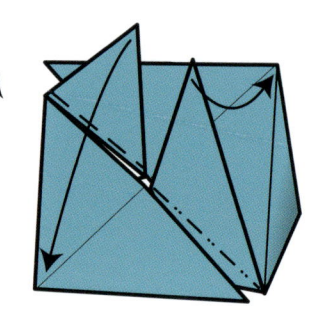

12. Modell zusammenhalten. Das linke Dreieck nach unten und das rechte Dreieck nach oben falten.

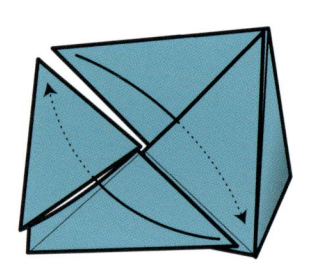

13. Die Dreiecke wie eingezeichnet oben und unten jeweils in die gegenüberliegenden Taschen schieben. Bei stärkerem Papier vorher jeweils eine kleine Ecke an der Spitze des Dreiecks umfalten.

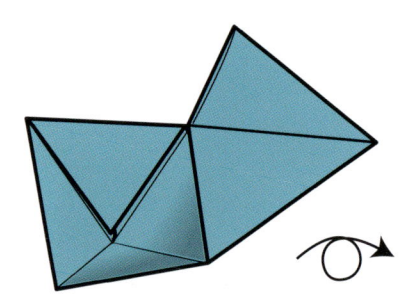

14. Das Modell nochmals vorsichtig entlang der Mittelachse zusammenschieben und wenden.

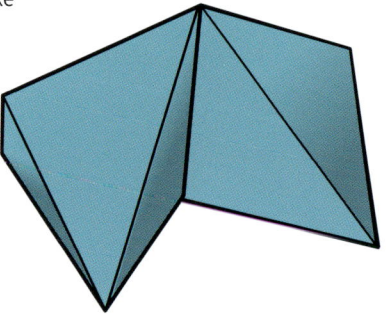

TIPP

Zum Öffnen der Schachtel: Schauen Sie auf die Unterseite (dort wo Schritt 13 ausgeführt wurde), drücken Sie die beiden Hälften nach hinten zusammen und klappen Sie die vorstehende Lasche nach oben. Drücken Sie dann die beiden Hälften in die andere Richtung zusammen und klappen Sie die zweite Lasche nach oben. Nun die Schachtel vorsichtig in der Mitte auseinanderziehen. Jetzt können Sie die Überraschungen einfüllen und anschließend die Schachtel wieder auf die gleiche Weise verschließen.

18

EXOTISCHE KAKI

MATERIAL
- Origamipapier in Rot-Grün oder Orange-Grün, ca. 70 g/m², 20 × 20 cm

Der exotische Geschmack der Kaki-Frucht erinnert an Birne oder Aprikose. Sie ist hierzulande sehr beliebt und ist inzwischen fester Bestandteil der meisten Obst- und Gemüsesortimente. Das Besondere an ihrer gefalteten Form ist, dass sie erst im letzten Schritt durch Aufblasen entsteht.

SCHWIERIGKEITSGRAD
★★★

traditionelles Modell · Größe: ca. 9 cm

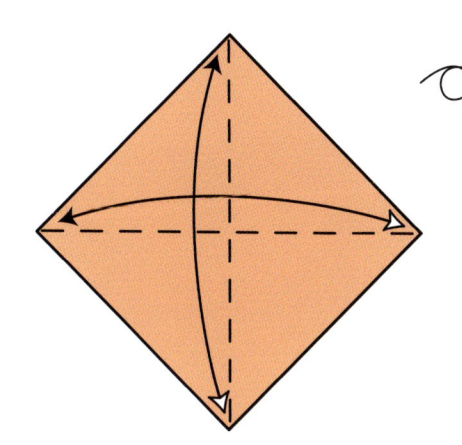

1. Blatt so ausrichten, dass die Farbe der Kaki nach oben zeigt. Zuerst die Diagonalen falten und wieder öffnen. Dann das Modell wenden.

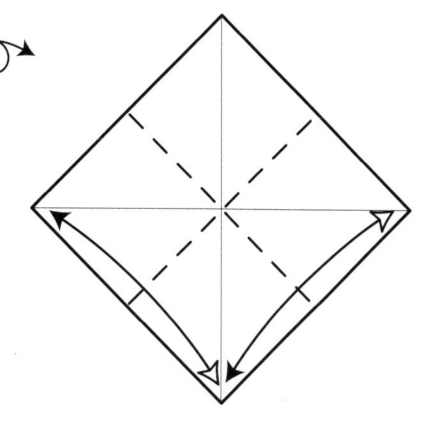

2. Das Papier zweimal zur Hälfte falten und wieder öffnen.

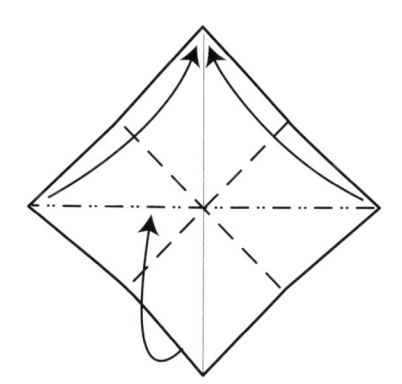

3. Die Faltkanten wie abgebildet ausformen und ein zusammengeschobenes Quadrat falten.

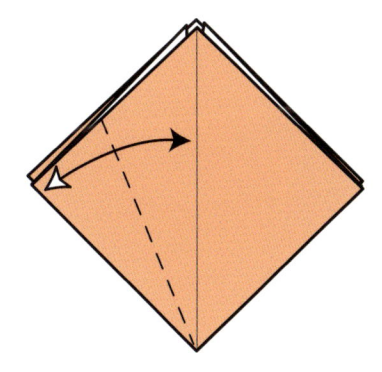

4. Die linke Kante zur Mittellinie falten und wieder öffnen.

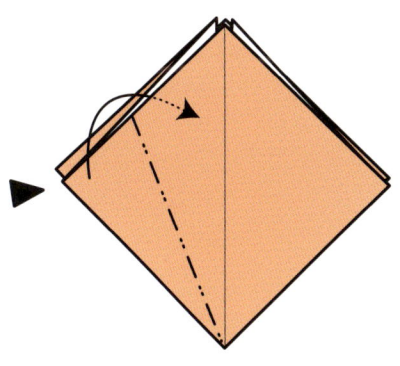

5. Den linken Flügel entlang der Faltlinien von Schritt 4 nach innen umklappen.

19

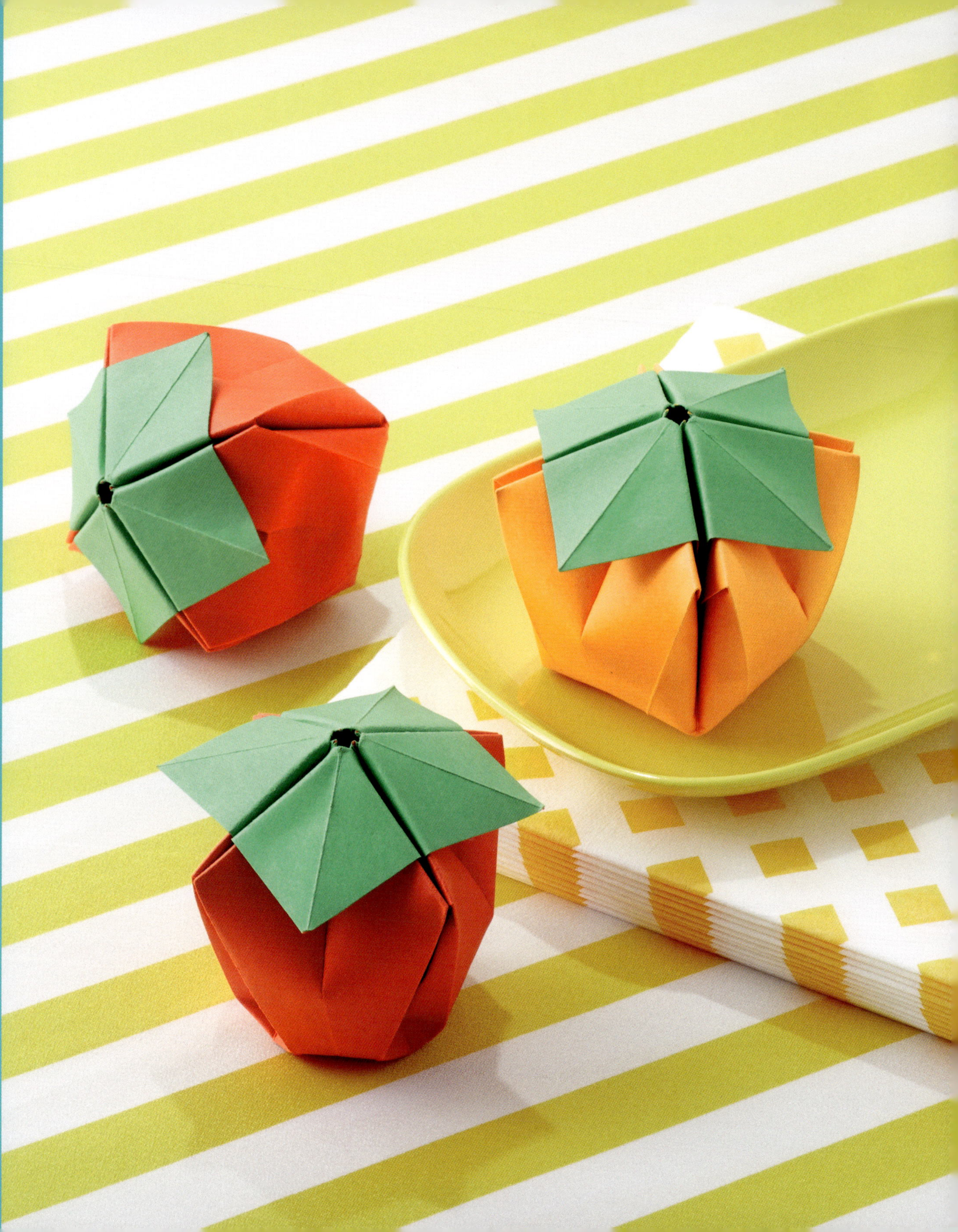

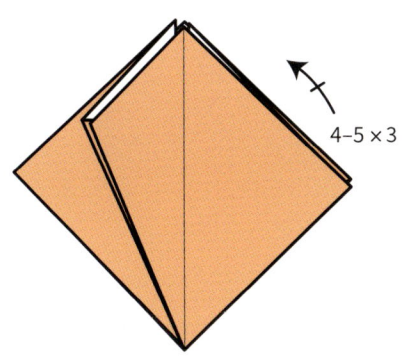

6. Schritte 4–5 an der rechten Ecke und auf der Rückseite links und rechts wiederholen.

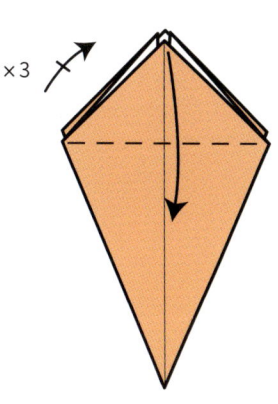

7. Spitze herunterfalten. An den anderen Spitzen wiederholen.

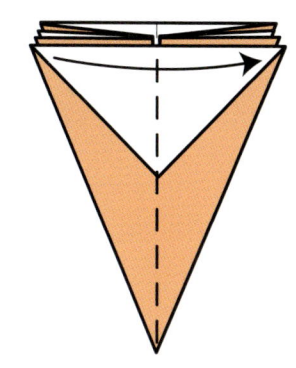

8. Eine Lage nach rechts falten.

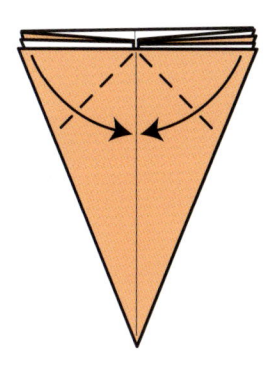

9. Beide Spitzen an die Mittellinie falten.

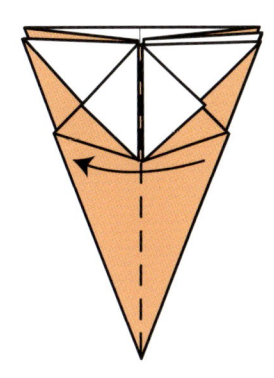

10. Dann die Lage nach links zurückfalten.

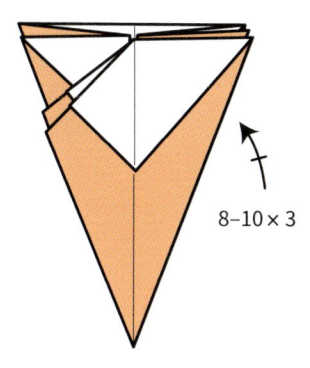

11. Schritte 8–10 an den anderen Ecken wiederholen.

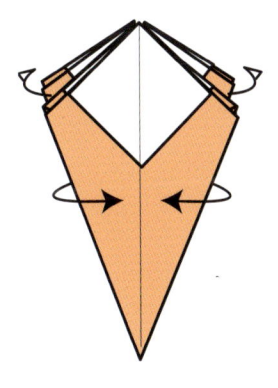

12. Immer zwei Lagen zusammenhalten und gleichmäßig verteilen.

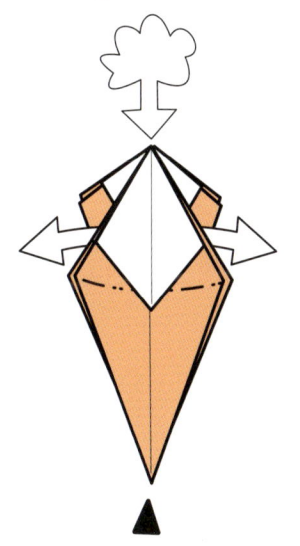

13. In das oben liegende Loch pusten und das Modell aufblasen. Zur Unterstützung dabei die Lagen leicht nach außen ziehen.

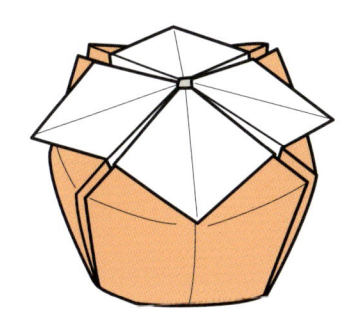

TULPE

Echte Tulpen beeindrucken oft mit den vielen Farbnuancen ihrer Blüten. Um auch die gefalteten Exemplare möglichst echt zu gestalten, färben Sie das Papier einfach mit Ölpastellkreiden oder anderen Farben ein.

von Evi Binzinger · Größe: 7 cm hoch (Blüte)

SCHWIERIGKEITSGRAD ★★★

MATERIAL FÜR DIE BLÜTE
- Origamipapier in Orange, Rot oder Lila, ca. 70 g/m², ø 24 cm
- ggfs. Ölpastellkreiden oder Aquarellbuntstifte in Pink, Rot oder Gelb

FÜR BLATT UND STIEL
- Origamipapier in Grün, 70 g/m², 30 × 30 cm (für beide Varianten)
- Origamipapier in Grün, je nach Papierstärke ein halbes oder ganzes Quadrat, ca. 30 × 30 cm (zusätzlich für den Stiel)

BLÜTE

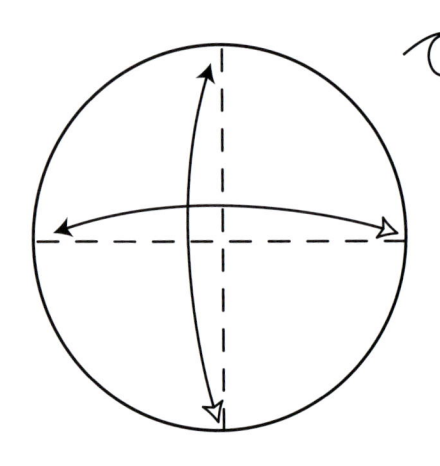

1. Die Farbe der Blütenblätter zeigt nach unten. Den Kreis horizontal und vertikal zur Hälfte falten und wieder öffnen. Modell wenden.

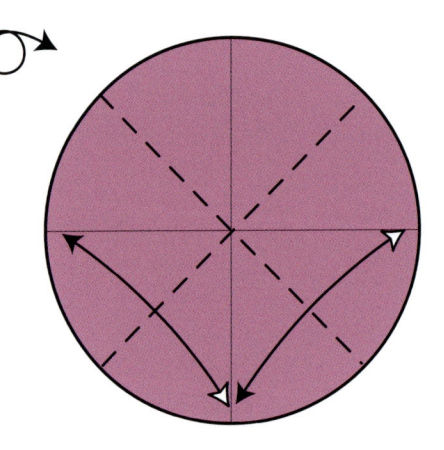

2. Die Viertel nochmals halbieren und wieder öffnen.

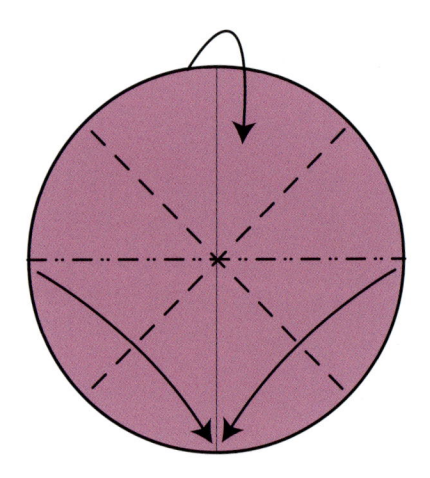

3. Die Faltkanten wie abgebildet ausformen und ein zusammengeschobenes Dreieck falten.

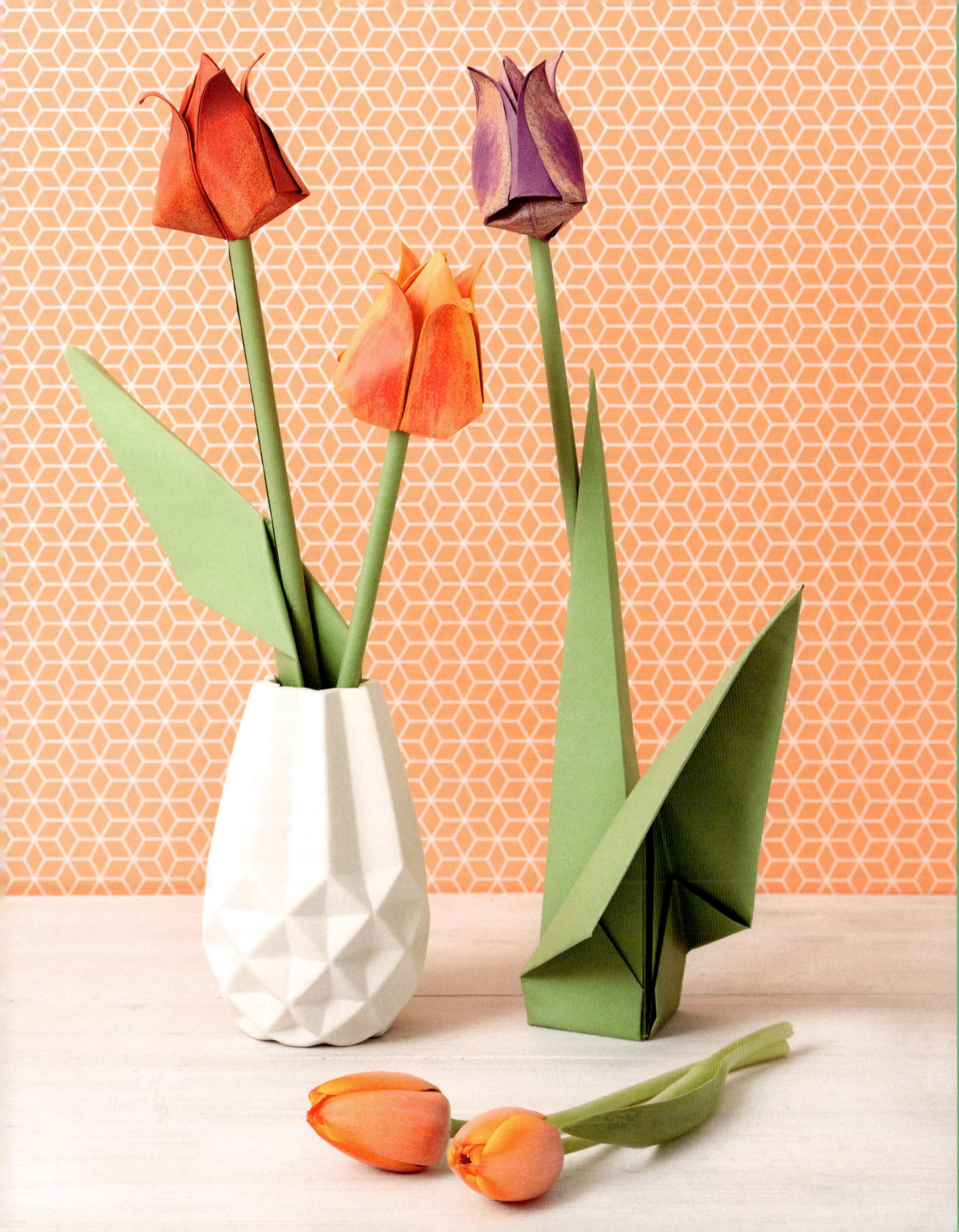

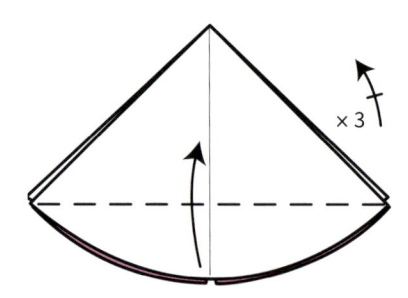

4. Dann die Rundung nach oben klappen. Vorgang an den restlichen Flügeln wiederholen.

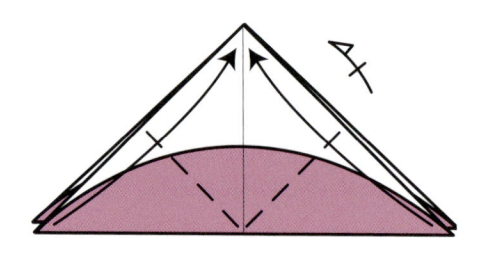

5. Die Spitzen der obersten Papierlage nach oben falten. Auf der Rückseite wiederholen.

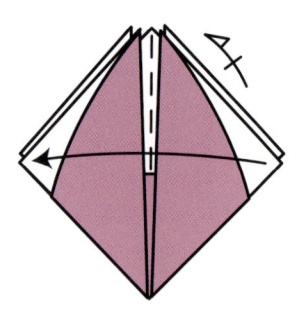

6. Eine Lage von rechts nach links falten. Modell wenden und Vorgang wiederholen.

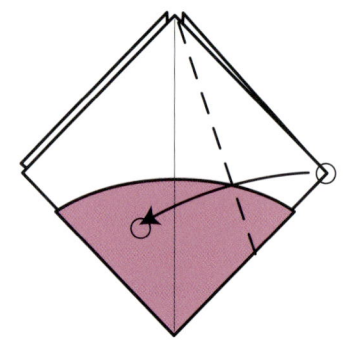

7. Nun die rechte Kante der obersten Papierlage wie eingezeichnet über die Mittellinie falten.

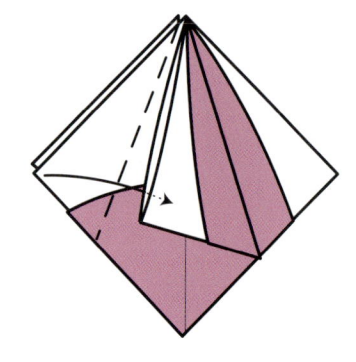

8. Anschließend die linke Kante so weit wie möglich in die Tasche des rechten Flügels schieben.

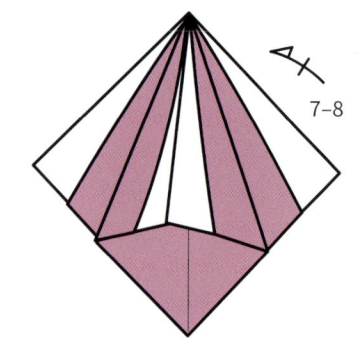

9. Schritte 7–8 auf der Rückseite wiederholen.

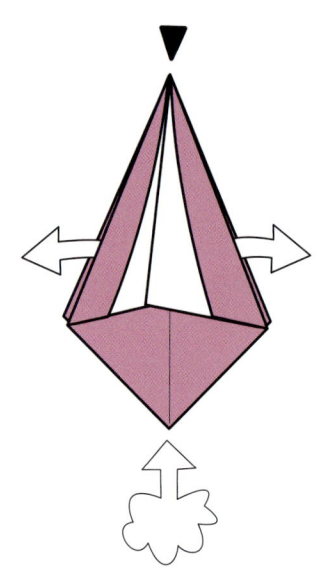

10. Nahtstellen der Flügel gut festhalten, den Boden flachdrücken und Luft in das unten befindliche Loch pusten bis die Tulpe prall aussieht.

11. Blütenblätter nach Belieben nach außen biegen.

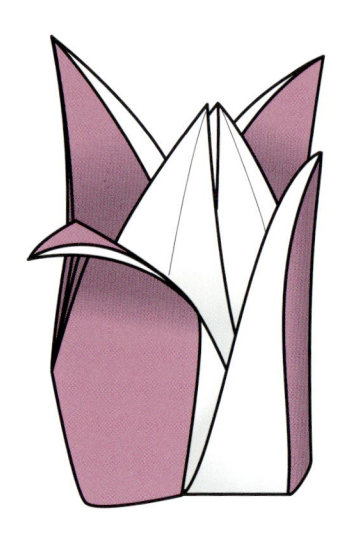

BLATT UND STIEL – VARIANTE 1

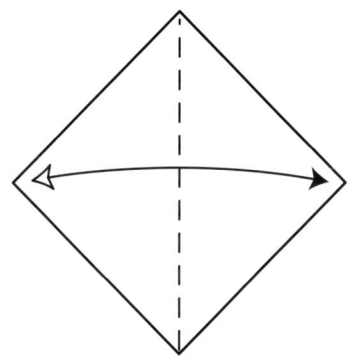

1. Die Farbe des Stiels zeigt nach unten. Eine Diagonale falten und wieder öffnen.

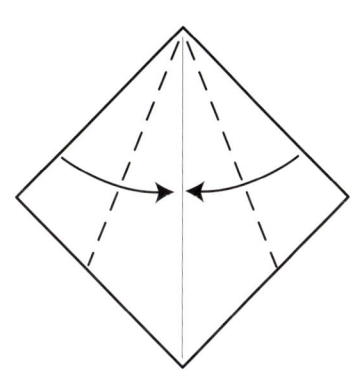

2. Beide oberen Kanten an die Mittellinie falten.

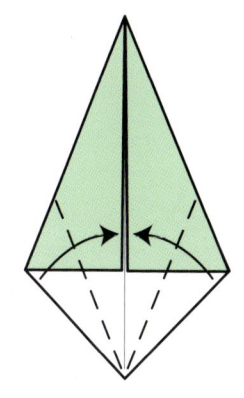

3. Danach auch die unteren Papierkanten an die Mittellinie falten.

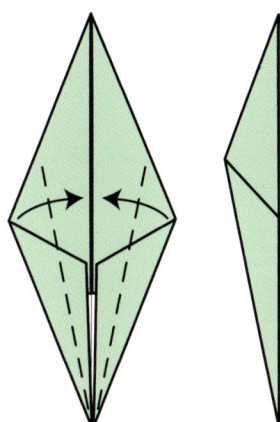

4. Die unteren Kanten erneut an die Mittellinie falten. Das Modell wenden.

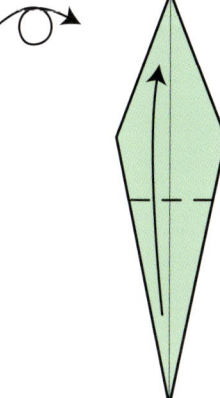

5. Die untere Spitze auf die obere Spitze des Modells falten.

6. Das Modell entlang der Mittellinie zusammenfalten.

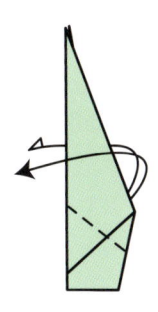

7. Die äußere Papierlage nach außen umstülpen.

8. Tulpenblüte mit dem Pusteloch auf den fertigen Stiel aufstecken.

25

VARIANTE 2

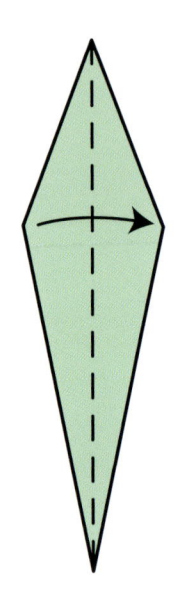

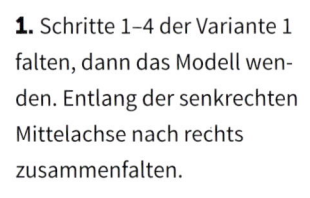

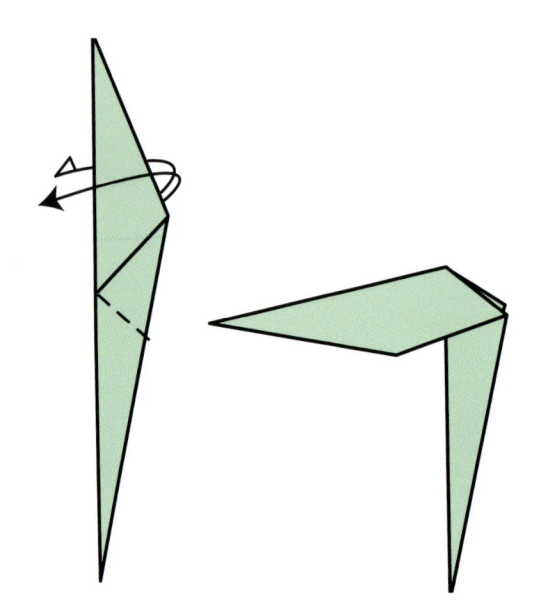

1. Schritte 1–4 der Variante 1 falten, dann das Modell wenden. Entlang der senkrechten Mittelachse nach rechts zusammenfalten.

2. Den oberen Teil des Modells nach links umstülpen.

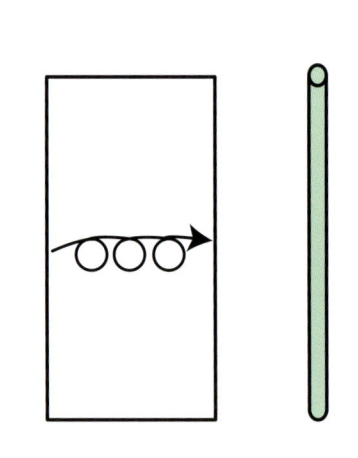

3. Ein neues Blatt Papier nehmen und eng zusammenrollen. Mit Klebstoff fixieren.

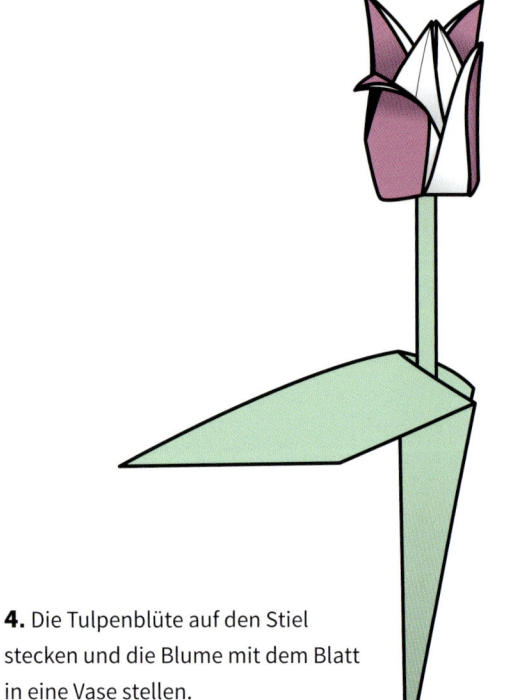

4. Die Tulpenblüte auf den Stiel stecken und die Blume mit dem Blatt in eine Vase stellen.

TIPP

Sie können die Blüte der Tulpe auch aus zweifarbigem Papier falten, dann wirkt sie noch interessanter. Wenn Sie möchten, dass die Blüte der Tulpe in möglichst natürlichen Farbtönen erstrahlt, können Sie sie aber auch mit Ölpastellkreiden selbst einfärben. Falten Sie die Tulpe zuerst einmal komplett. Markieren an der Blüte, wo die Blätter welche Farbe aufweisen sollen und öffnen Sie das Modell wieder. Beginnen Sie mit der hellsten Farbe (Gelb) und malen Sie einen Farbverlauf z. B. über Orange nach Rot. Die Farbflächen dürfen sich an den Seiten überlappen. Zum Schluss fügen Sie stellenweise etwas Weiß hinzu und verwischen die Farben mit den Fingern oder einem Tuch. Nun die Tulpe erneut zusammenfalten – fertig.

26

WACKELDACKEL

Wie ihre Kollegen auf der Rückbank vieler Autos, nicken auch diese niedlichen Hunde mit ihren Köpfen, wenn man sie antippt. Wer das Wackeln nicht mag, kann die Faltung jedoch auch so anpassen, dass der Kopf festsitzt.

von Nick Robinson · Größe: ca. 16 cm

SCHWIERIGKEITSGRAD
★ ★ ★

MATERIAL
- Zweifarbiges Tonpapier in Hellbraun-Braun oder Grau-Beige, ca. 120 g/m², 16 × 16 cm (Körper), 12 × 12 cm (Kopf)

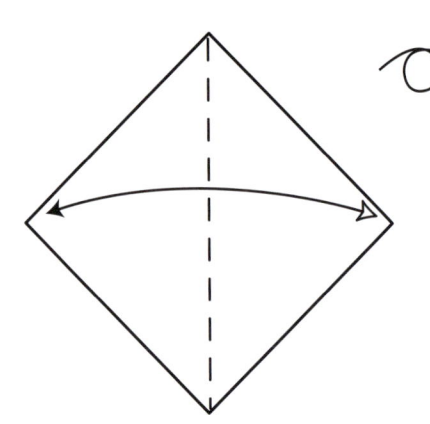

1. Zuerst wird der Körper gefaltet. Dafür das größere Papier verwenden. Die Farbe des Körpers zeigt nach unten. Eine Diagonale falten und wieder öffnen. Modell wenden.

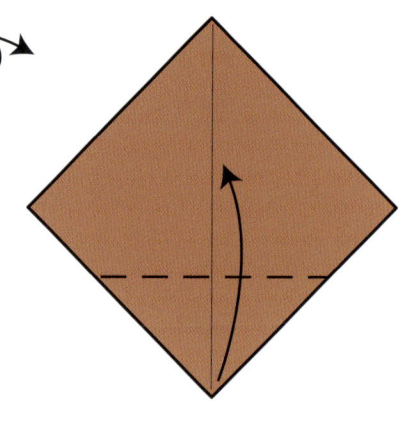

2. Ecke um ca. ⅓ der Diagonale nach oben falten.

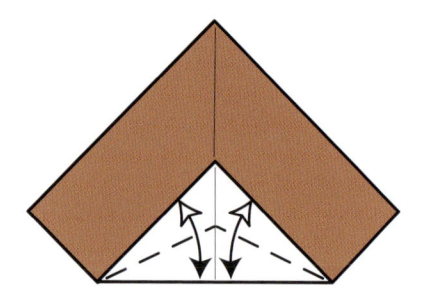

3. Beide Teile des Dreiecks zur Hälfte falten und wieder öffnen.

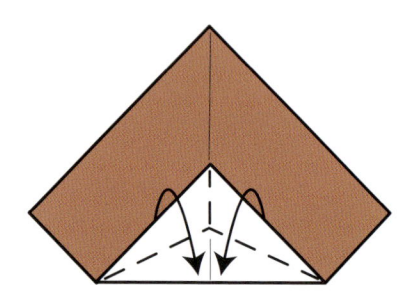

4. Die Faltkanten wie abgebildet ausformen und das Dreieck zusammenklappen. Ecke hochstehen lassen.

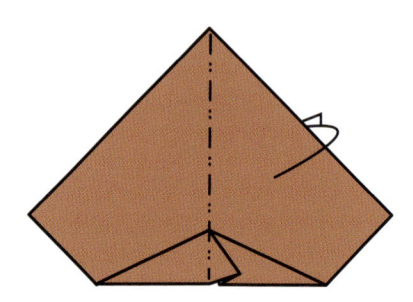

5. Die rechte Seite nach hinten umklappen.

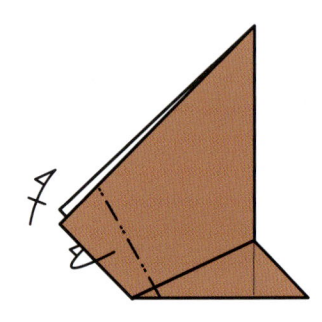

6. Die linke Kante wie abgebildet nach innen falten. Hinten wiederholen.

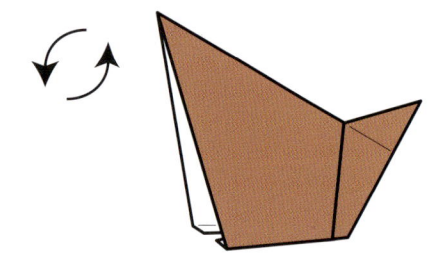

7. Modell um 90° Grad nach links drehen. Der Körper ist damit fertig.

TIPP

Wenn Sie die oberste Spitze des Körpers etwas nach innen falten und damit abflachen, können Sie den Kopf später auch darauf anbringen, ohne dass er wackelt.

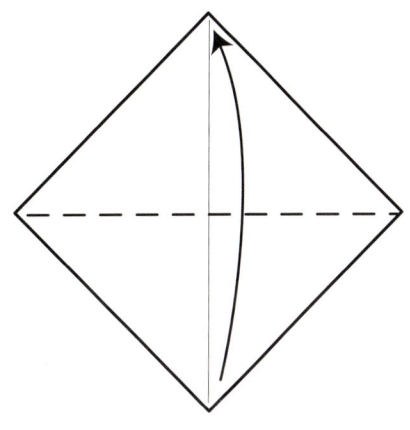

8. Nun das kleinere Blatt Papier nehmen und damit den Kopf falten. Die Farbe des Kopfes zeigt auch hier zu Beginn nach unten. Die erste Diagonale falten und wieder öffnen. Dann die zweite Diagonale falten.

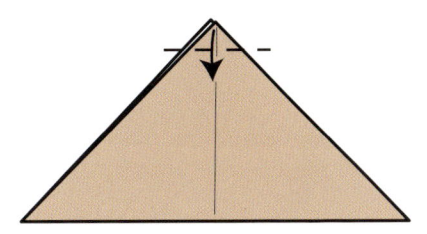

9. Die Ecke mit beiden Lagen nach vorne falten.

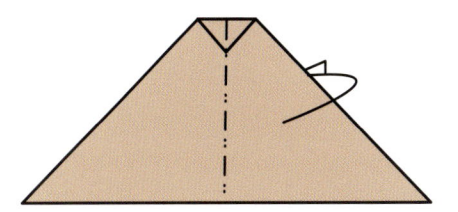

10. Anschließend die rechte Seite nach hinten umklappen.

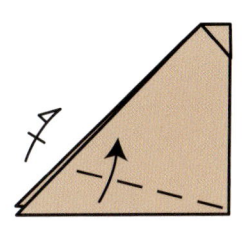

11. Die linke Spitze wie abgebildet schräg nach oben falten. Hinten wiederholen.

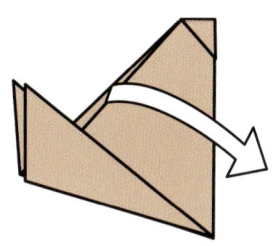

12. Das Modell öffnen und die untere Ecke ein Stück nach oben falten. Diese Falte verhindert, dass der Kopf herunterrutscht, sie muss deshalb später evtl. noch einmal angepasst werden, damit der Kopf im Gleichgewicht aufliegt.

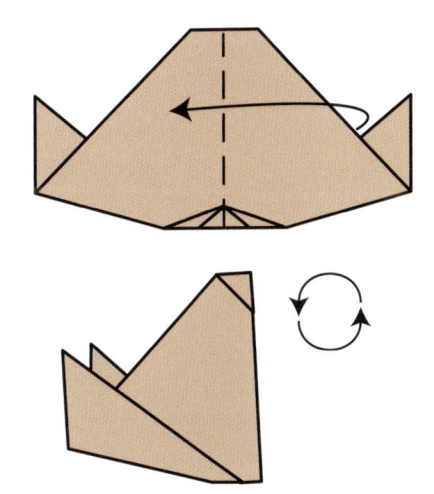

13. Das Modell wieder zusammenklappen und um 90 Grad nach links drehen. Jetzt ist auch der Kopf fertig.

14. Zum Schluss den Kopf wie abgebildet auf den Körper setzen und anstupsen.

TIPP

Der Schmetterling ist auch ein hübscher Anstecker fürs Revers. Einfach eine Mini-Wäscheklammer auf die Rückseite kleben und an gewünschter Stelle befestigen.

SCHMETTERLINGE

Schmetterlinge findet man in vielen verschiedenen Faltvarianten. Einige Modelle weisen reizvolle Flügelmuster auf, besonders komplexe Varianten besitzen sogar Details wie Beine und Fühler. Auch für den hier gezeigten Schmetterling gibt es zwei Ausführungen.

von Stefan Delecat · Größe: ca. 10 cm

MATERIAL
- Zweifarbiges Origamipapier in Schwarz-Rot, Schwarz-Orange, Schwarz-Lila oder Rot-Blau, ca. 65 g/m², 15 × 15 cm

SCHWIERIGKEITSGRAD ★★★

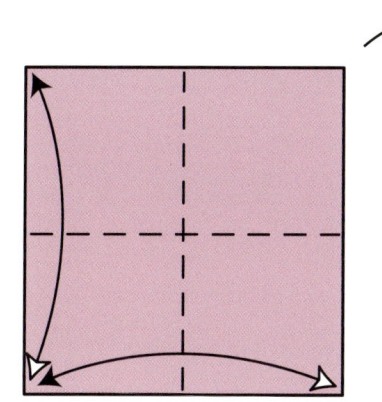

1. Die schwarze Seite des Papiers zeigt nach unten. Das Quadrat zweimal zur Hälfte falten und wieder öffnen. Modell wenden.

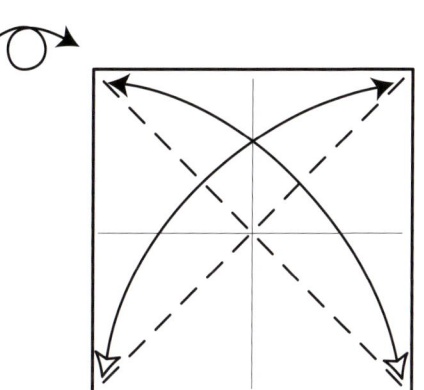

2. Beide Diagonalen falten und wieder öffnen.

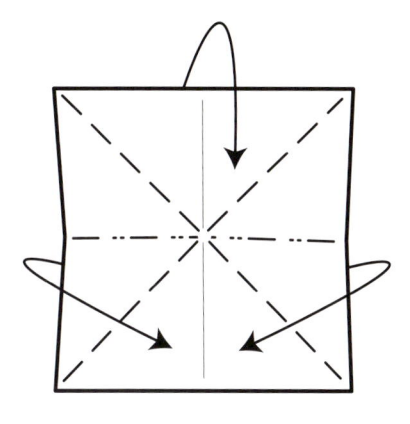

3. Die Faltkanten wie abgebildet ausformen und zu einem zusammengeschobenen Dreieck falten.

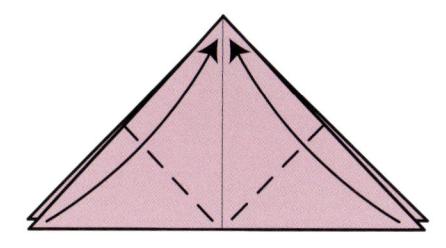

4. Linke und rechte Spitze nach oben falten.

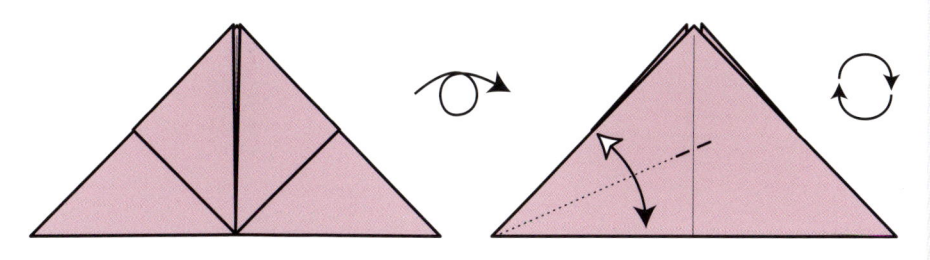

5. Modell wenden. Schnittpunkt mit der Mittellinie markieren und Modell um 180° Grad rotieren.

31

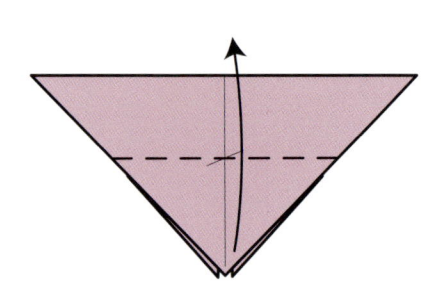

6. Spitze an der Markierung nach oben falten. Seitlich hochstehendes Papier symmetrisch flachdrücken.

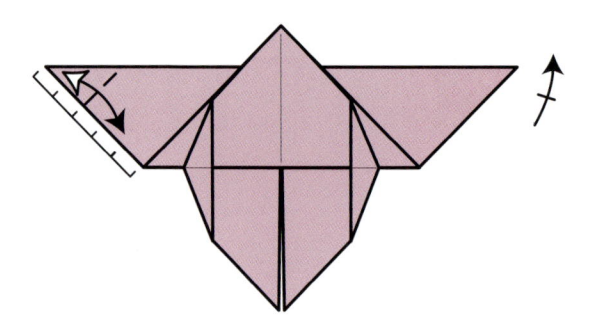

7. Die linke Seite des oberen Flügels wie gezeigt umklappen. Öffnen und rechts wiederholen. Bis hierher werden beide Schmetterlinge identisch gefaltet. Bitte für Variante 1 oder 2 jeweils bei Schritt 8 einsetzen.

VARIANTE 1 (MIT VERSCHIEDENFARBIGEN FLÜGELN)

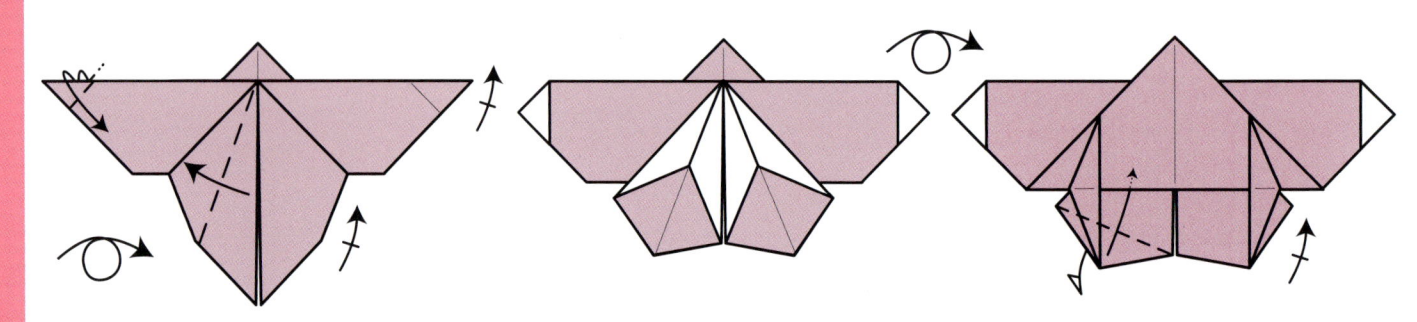

8. Modell wenden. Dann die Papierlage des oberen linken Flügels öffnen und die Spitze nach außen umschlagen. Dann die obere Papierlage des unteren linken Flügels falten und am Ende flachdrücken. Jeweils rechts wiederholen.

9. Modell wenden. Die untere linke Spitze wie abgebildet nach oben klappen und dabei die Papierspitze von der Rückseite nach vorne bringen. Rechts wiederholen.

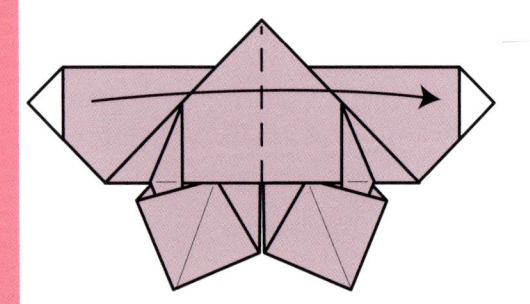

10. Modell zur Hälfte zusammenfalten.

11. Die obere Spitze nach unten falten und unter die Lagen des unteren Flügels stecken.

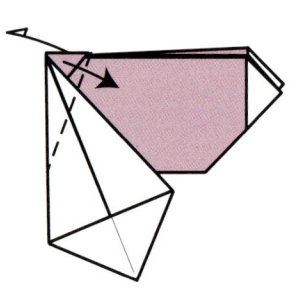

12. Die Flügel entlang der markierten Linie falten und so aufstellen.

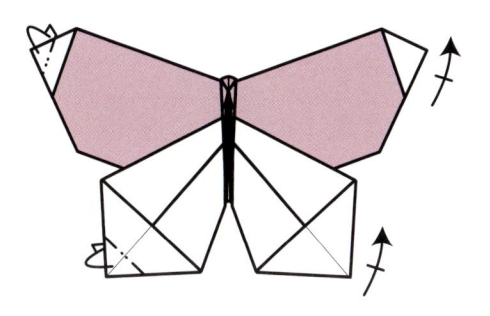

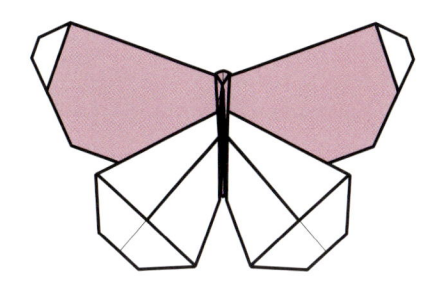

13. Zum Schluss alle Flügelspitzen nach hinten falten. Variante 1 ist nun fertig.

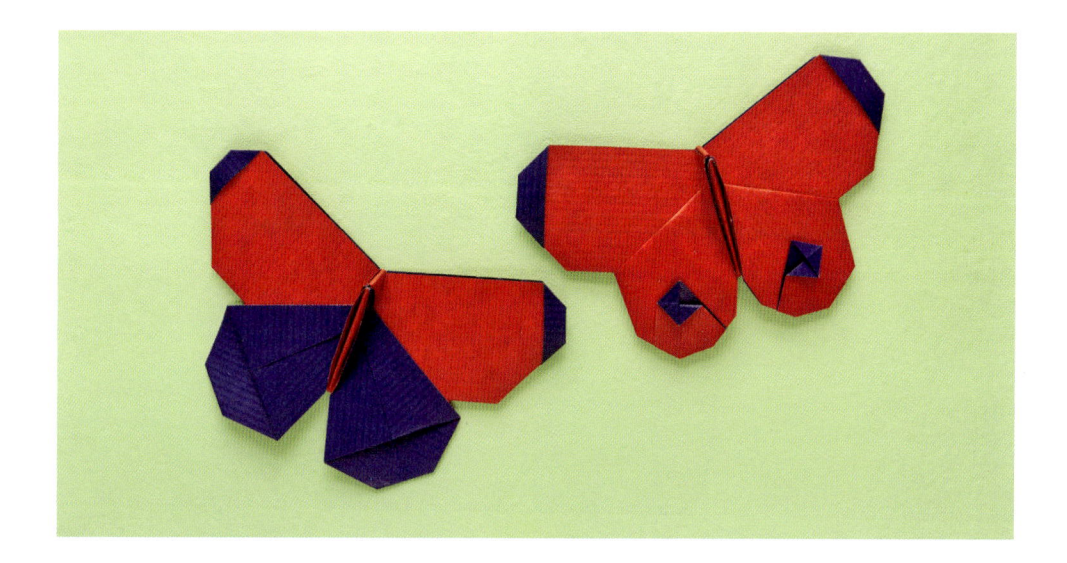

VARIANTE 2 (MIT AUGENFLECKEN)

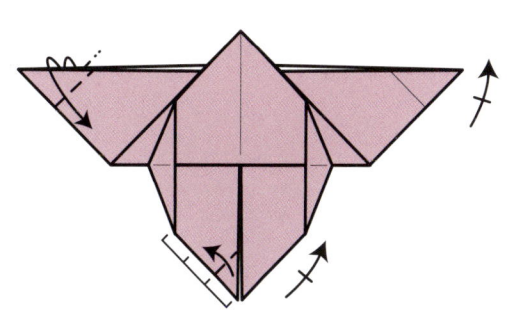

8. Die Papierlagen des oberen Flügels wie abgebildet öffnen und die Spitze nach außen umschlagen. Die Spitze des unteren Flügels wie gezeigt umklappen. Alle Faltungen rechts wiederholen.

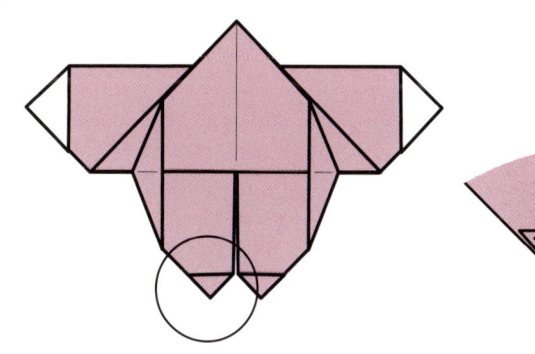

9. Die nächsten Faltschritte werden in Detailansicht gezeigt. Das Dreieck halbieren und wieder öffnen.

33

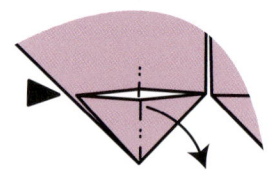

10. Dann die Spitze quadratisch flachdrücken.

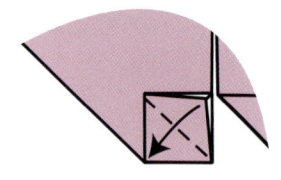

11. Obere Papierlage diagonal falten. So entsteht der Augenfleck.

12. Schritte 9–11 rechts wiederholen.

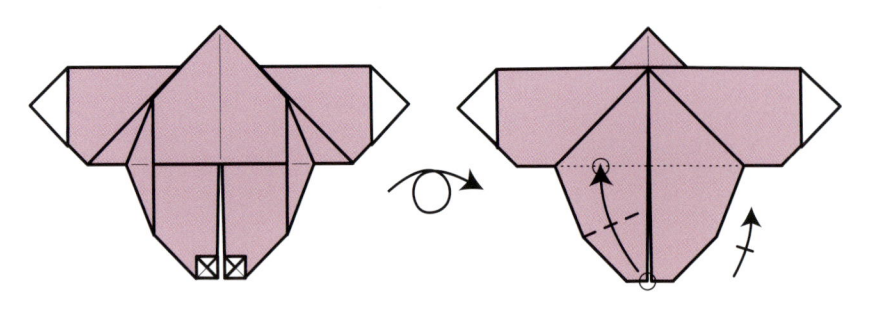

13. Modell wenden. Die Spitze des linken Flügels bis zur Markierung falten. Rechts wiederholen.

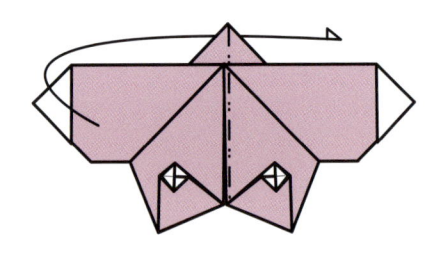

14. Modell nach hinten zur Hälfte zusammenfalten.

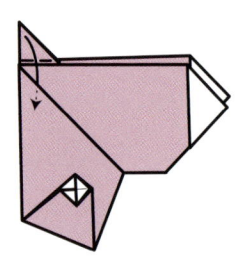

15. Die obere Spitze nach unten falten und unter die Lagen des unteren Flügels stecken.

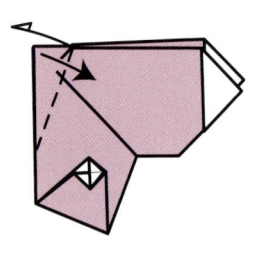

16. Die Flügel entlang der markierten Linie nach vorn klappen und so aufstellen.

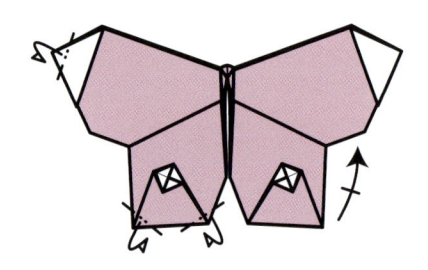

17. Zuletzt die Flügelspitzen und -kanten nach hinten falten. Variante 2 ist nun fertig.

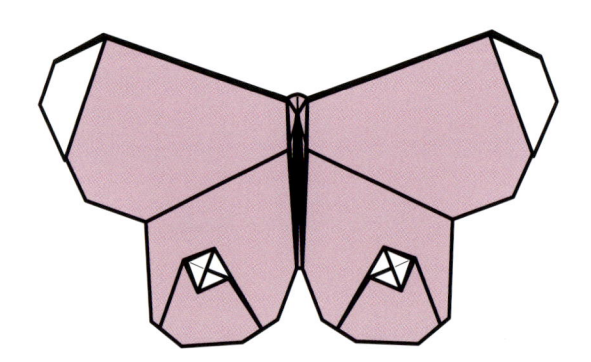

WINDLICHT „SCARLETT"

Ob als asiatisches Windlicht, außergewöhnlicher Duftspender oder einfach nur als hübsche Deko - Scarlett ist vielseitig einsetzbar und verleiht jedem Raum einen zarten Glanz. Überspringen Sie Faltschritt 16, entsteht eine hübsche Variation, die zu diesem Modell einen edlen Kontrast bildet.

von Evi Binzinger · Größe: ca. ⌀ 10 cm

SCHWIERIGKEITSGRAD
★ ★ ☆

MATERIAL
- zweifarbiges Origamipapier in Rot-Gold, ca. 80 g/m², 30 × 30 cm

TIPP
Wenn Sie die Faltung als Windlicht nutzen, verwenden Sie ausschließlich LED-Teelichter mit geringer Wärmeentwicklung.

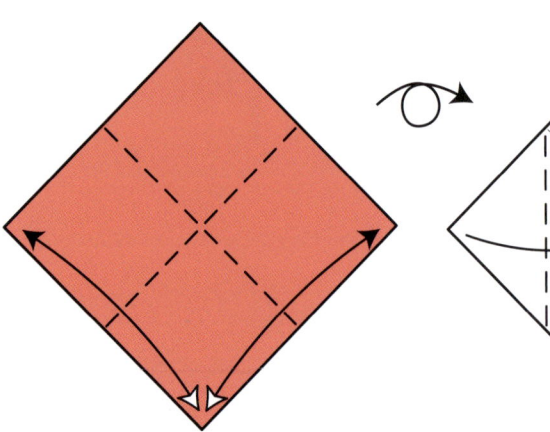

1. Die Farbe des Zacken-Kranzes zeigt nach oben. Das Quadrat zweimal zur Hälfte falten und wieder öffnen. Das Papier wenden.

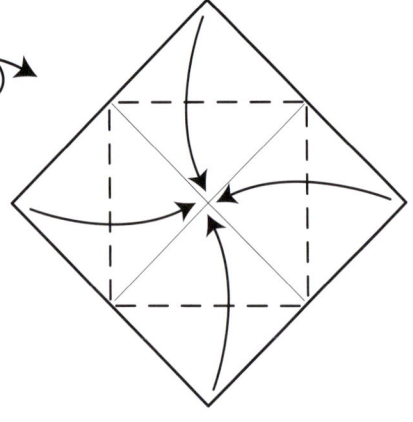

2. Alle Ecken zur Mitte falten.

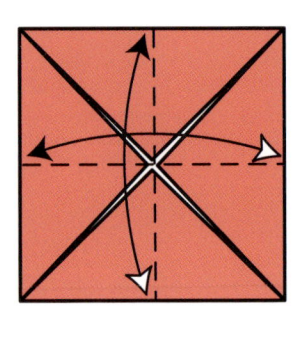

3. Das Quadrat jeweils zur Hälfte falten und wieder öffnen. Modell wenden.

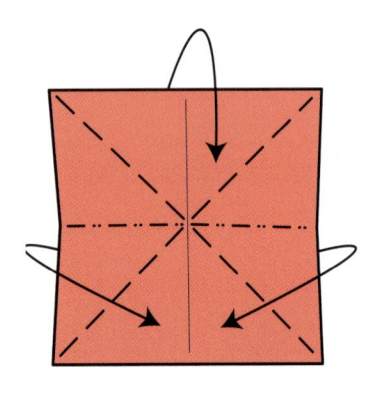

4. Die Faltkanten wie abgebildet ausformen und ein zusammengeschobenes Dreieck falten.

5. Die rechte Ecke an die Mittellinie falten.

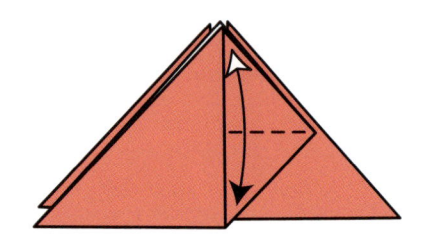

6. Die obere Papierlage nach unten klappen und wieder öffnen.

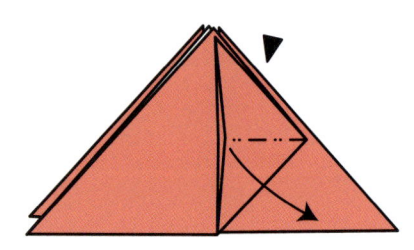

7. Die Tasche des rechten Dreiecks öffnen und flachdrücken (siehe Schritt 8).

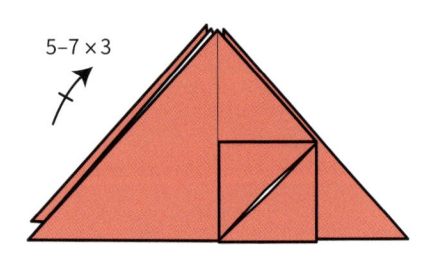

8. Schritte 5–7 an der linken Ecke und bei beiden Ecken auf der Rückseite wiederholen.

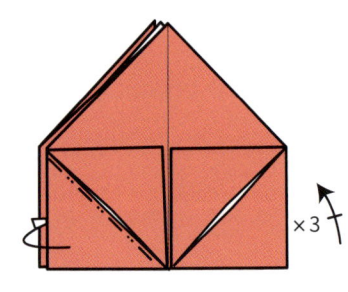

9. Die linke untere Ecke entlang der diagonalen Bergfalte nach hinten umklappen. An den anderen Ecken wiederholen.

36

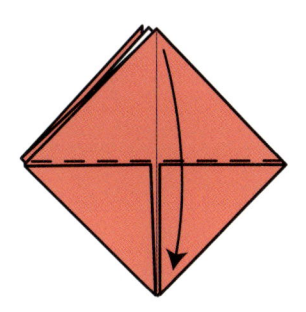

10. Die obere Papierlage nach unten falten.

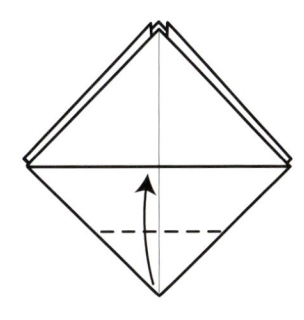

11. Anschließend die untere Ecke der obersten Papierlage zur Mitte falten.

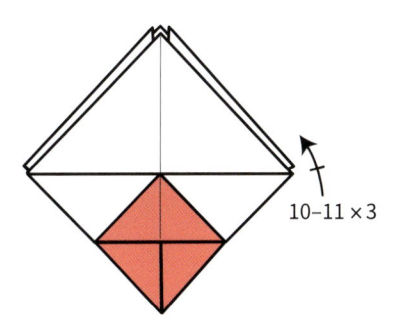

12. Schritte 10–11 an den anderen Ecken wiederholen.

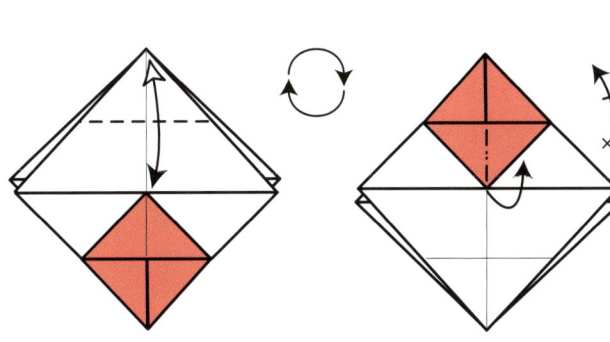

13. Die obere Ecke erst nach vorn zur Mitte umklappen und wieder öffnen, dann nach hinten falten und wieder öffnen. Modell um 180 Grad drehen.

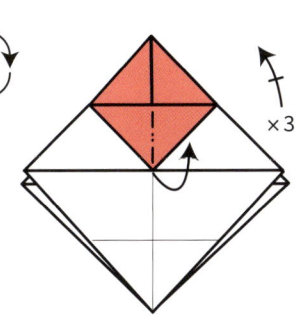

14. Unter die vorderen Lagen greifen und diese nach vorne ziehen. An den anderen Seiten wiederholen.

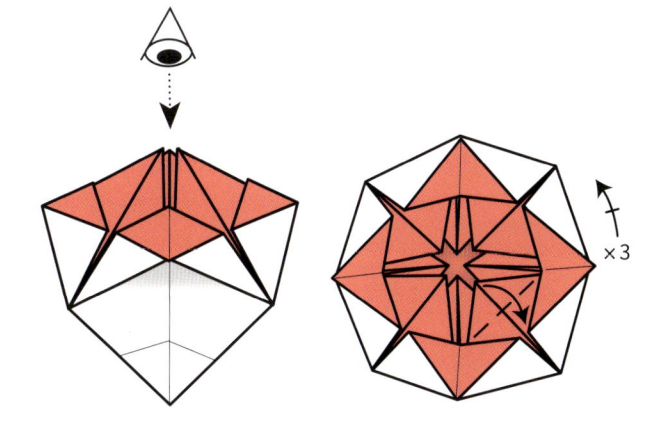

15. So sieht das Modell nach Schritt 14 aus. Nun von oben auf das Modell schauen. Die rechte untere Ecke wie abgebildet nach außen falten. An allen Ecken wiederholen.

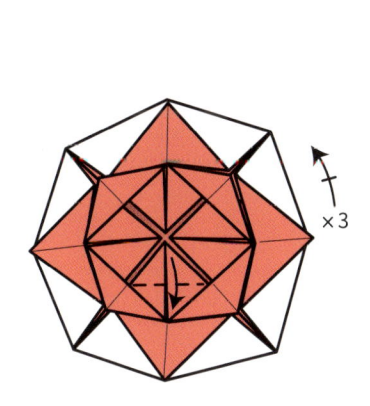

16. Die inneren Ecken flachdrücken und ebenfalls nach außen falten.

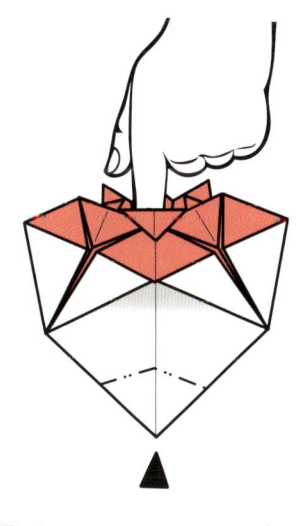

17. Die unteren Kanten auseinanderziehen und den Boden flachdrücken.

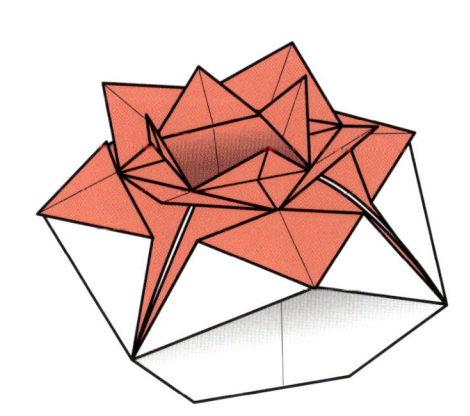

37

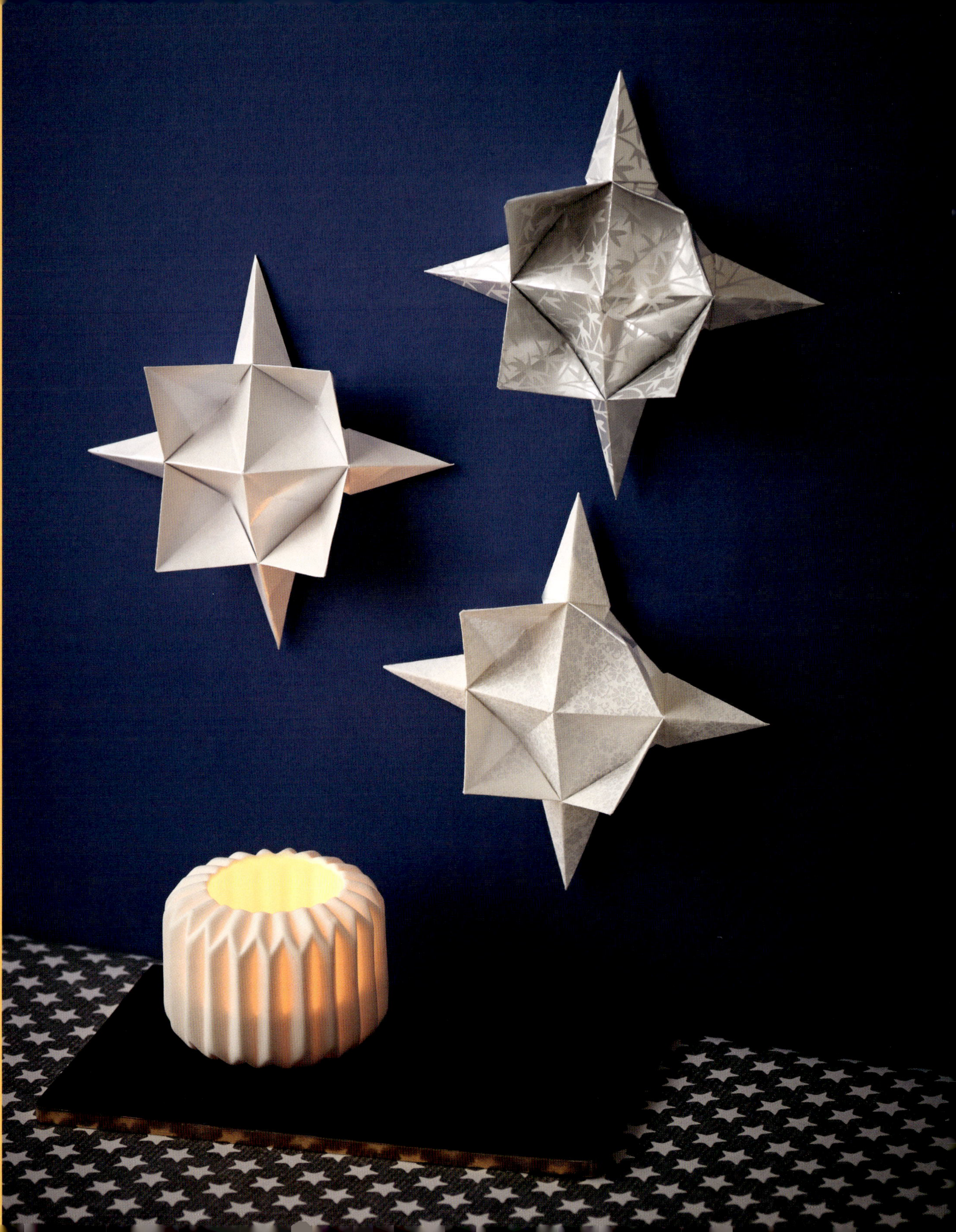

STERN „GERHARD"

Diesen Stern hat die Künstlerin ihrem Vater gewidmet.
Er faltete in ihrer Kindheit jedes Jahr zur Weihnachtszeit einen
aufwendigen Stern aus Goldpapier und befestigte ihn unter
einer Lampe. Glitzernd und funkelnd tauchte dieser
den Raum in ein warmes, festliches Licht.

von Evi Binzinger · Größe: ⌀ 14,5 cm

MATERIAL
- Origamipapier in Silber gemustert, Perlmutt oder Perlmutt gemustert ca. 80 g/m², 15 × 15 cm

SCHWIERIGKEITSGRAD ★★★

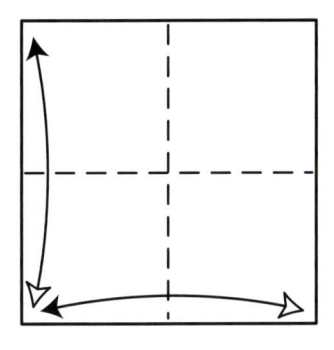

1. Die Farbe des Sterns zeigt nach unten. Das Papier zweimal zur Hälfte falten und wieder öffnen.

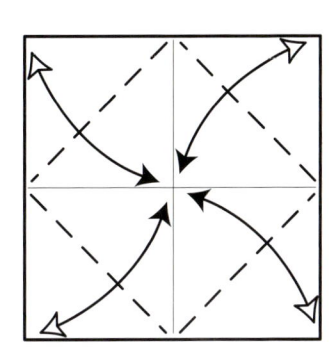

2. Alle Ecken zur Mitte falten und wieder öffnen. Modell wenden.

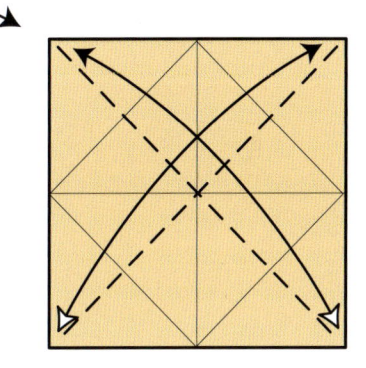

3. Beide Diagonalen falten und wieder öffnen.

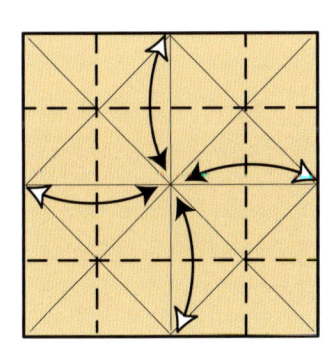

4. Nacheinander die Kanten zur Mitte falten und wieder öffnen.

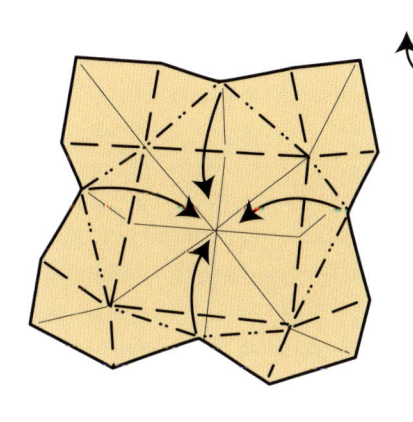

5. Die markierten Stellen gleichzeitig zum Mittelpunkt falten und dabei die Kanten wie abgebildet zu Berg- und Talfalten ausformen. Alles glattstreichen. Modell drehen.

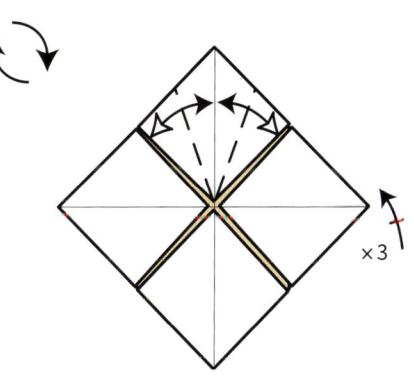

6. Innerhalb eines kleinen Quadrats die unteren Kanten wie abgebildet zur Mitte falten und wieder öffnen. Bei den anderen Quadraten wiederholen.

39

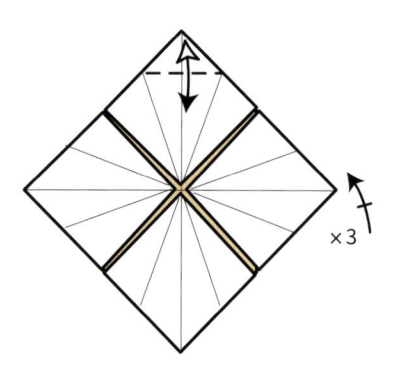

7. Obere Ecke talfalten und wieder öffnen. An den anderen Ecken wiederholen.

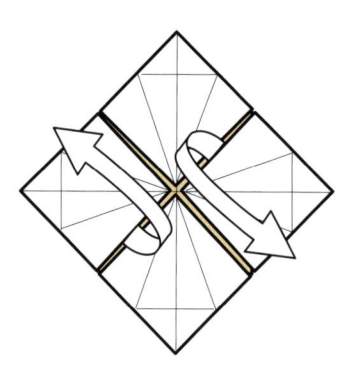

8. Modell komplett entfalten.

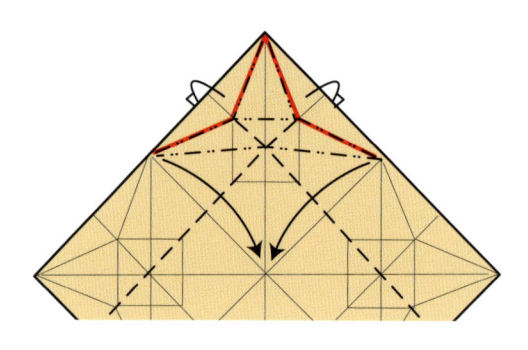

9. Im oberen Viertel die Kanten entlang der rot markierten Bergfalten nach hinten umklappen.

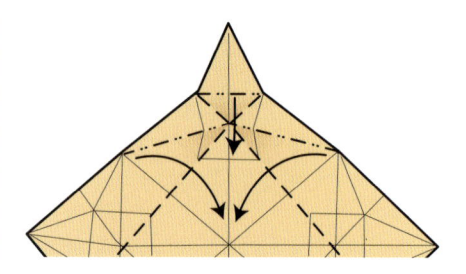

10. Kanten wie dargestellt ausformen, zur Mitte falten und flachdrücken.

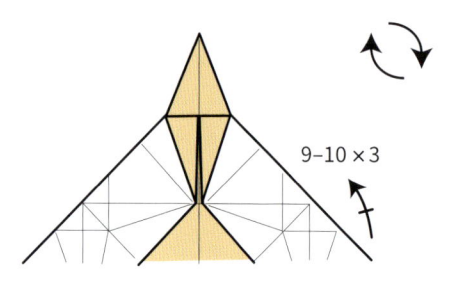

11. Schritte 9–10 an den anderen Ecken wiederholen. Modell drehen.

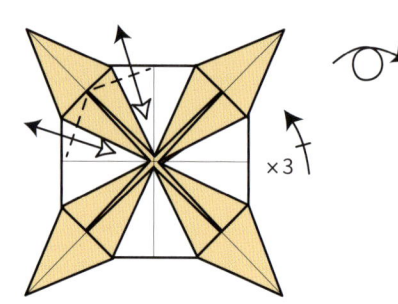

12. Innen liegende Spitzen wie eingezeichnet aufklappen, Talfalten anbringen und wieder schließen. An den anderen Seiten wiederholen. Dann wenden.

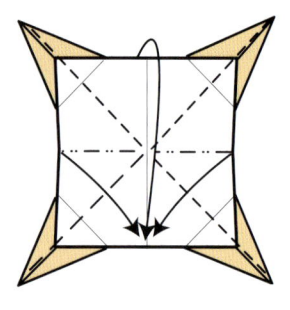

13. Diagonale Talfalten und waagerechte Bergfalte anbringen. Figur wie ein zusammengeschobenes Dreieck (siehe Grundlagen) zusammenklappen.

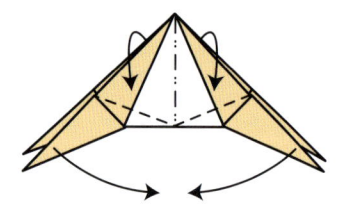

14. Die oberste Lage der oberen Spitze wie dargestellt nach unten aufklappen. Dabei gleichzeitig die linke und rechte Zacke zusammendrücken.

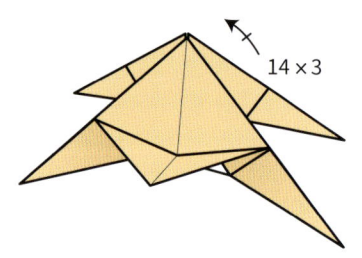

15. Schritt 14 an allen restlichen Seiten wiederholen.

40

KRANICH

Das beliebte Faltspiel „Himmel und Hölle" ist seit Anfang des 19. Jahrhunderts in Europa bekannt. Diese traditionelle Faltung lässt sich jedoch auch leicht in eine hübsche Vogelschale in Kranichform verwandeln.

von Evi Binzinger · Größe: 12 cm

MATERIAL
- zweifarbiges Origamipapier in Gelb-Magenta, Lila oder Grün gemustert, ca. 70 g/m², 15 × 15 cm

SCHWIERIGKEITSGRAD
★★☆

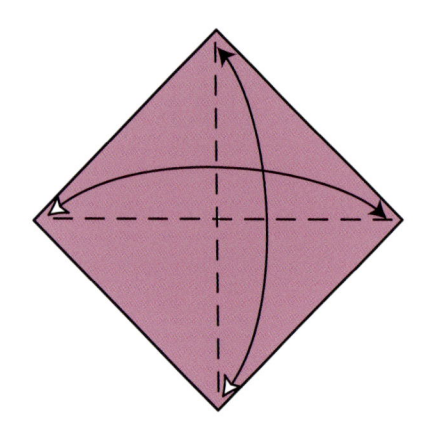

1. Die äußere Farbe der Vogelschale zeigt nach unten. Die beiden Diagonalen falten und wieder öffnen.

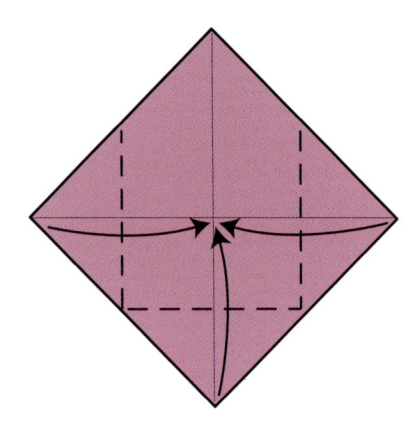

2. Drei Ecken zur Mitte falten.

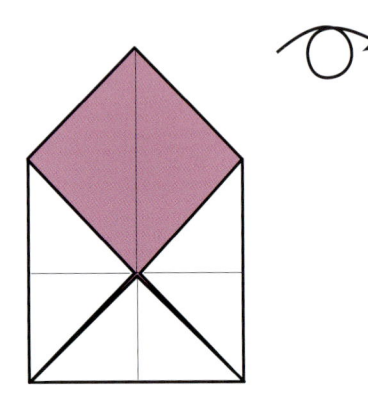

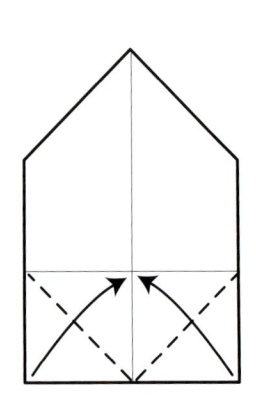

3. Modell wenden und die unteren Ecken erneut zur Mitte falten.

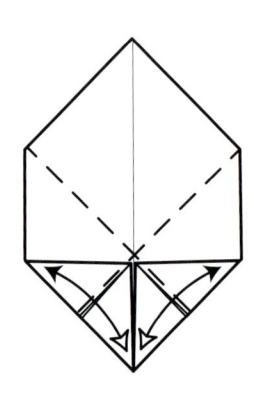

4. Die linke und rechte untere Kante jeweils zur Hälfte falten und wieder öffnen.

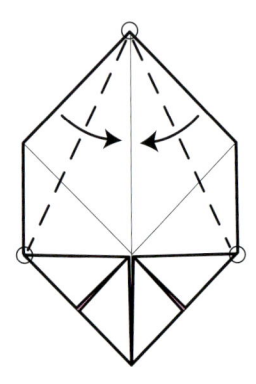

5. Die oberen Kanten entlang der Talfalten nach innen falten.

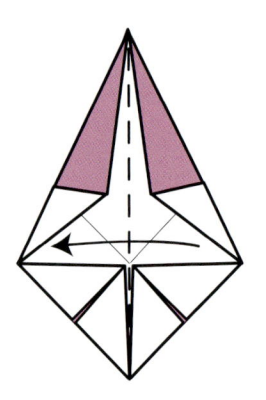

6. Modell längs zusammenklappen und um 90° Grad nach links drehen.

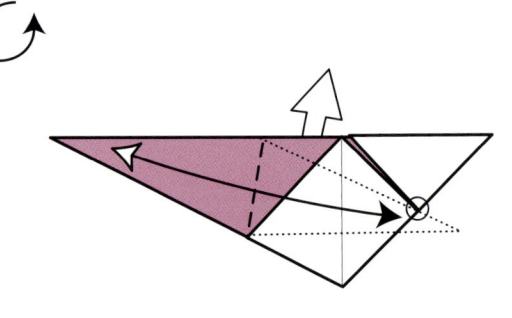

7. Die linke Spitze an den rechts markierten Punkt falten und wieder öffnen.

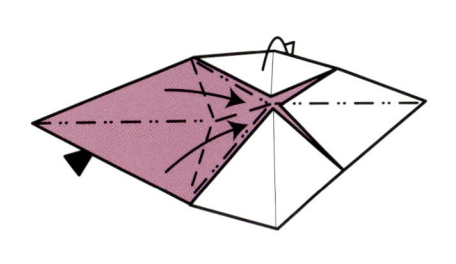

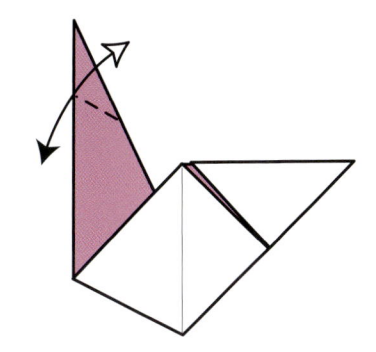

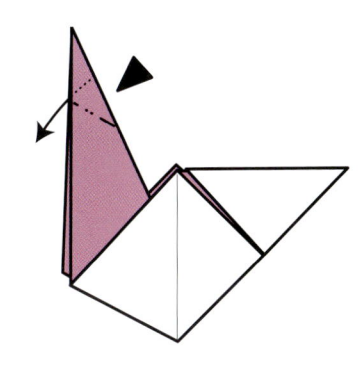

8. Die Faltlinien wie abgebildet ausformen, dabei die linke Seite aufrichten und das Modell seitlich zusammendrücken.

9. Den Kopf wie abgebildet nach vorne falten und wieder öffnen. Dann den Kopf mit einem Gegenknick nach innen falten.

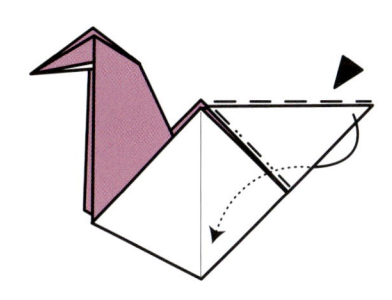

10. Den Rücken von oben in das Modell schieben.

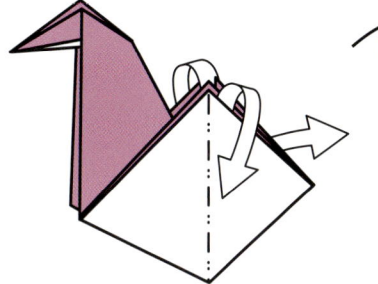

11. Die drei Fächer öffnen und das Modell wenden.

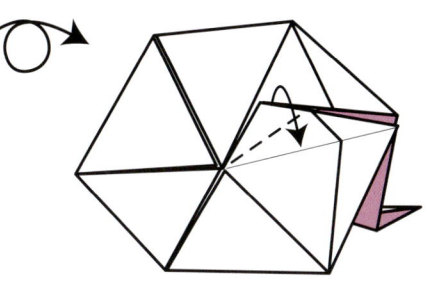

12. Das Modell auf der Unterseite wie abgebildet mit einer Talfalte verschließen.

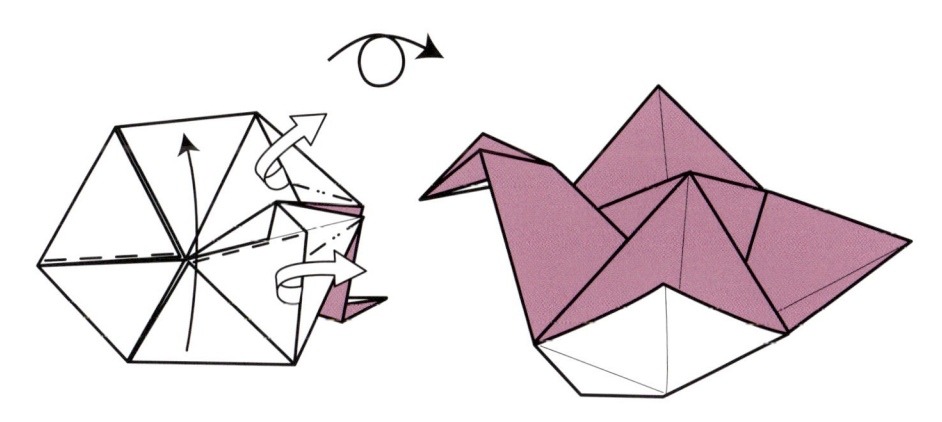

13. Auf der rechten Seite die Dreiecke herausziehen und die Talfalten dabei zu Bergfalten umformen. Modell mittig zusammenklappen und wenden. Dann den Kranich am Rücken festhalten, Kopf und Hals ein Stück nach vorne ziehen und durch Zusammendrücken des Brustbereichs fixieren. Anschließend Fächer möglichst weit öffnen.

TIPP

Zur Dekoration der Schale können Sie die Fächer mit kleinen Blüten oder Zuckereiern befüllen.

43

KIRSCHBLÜTE

Für Japaner ist das Kirschblütenfest ein ganz besonderes Ereignis. Jung und Alt treffen sich im Frühling in den Parkanlagen unter blühenden Kirschbäumen, um die vergängliche Schönheit der duftenden Blüten, Reiswein und mitgebrachte Speisen zu genießen.

von Evi Binzinger · Größe: ø ca. 9,5 cm

SCHWIERIGKEITSGRAD
★★★

MATERIAL
- Origamipapier in Rosa gemustert, ca. 60 g/m², 7,5 × 7,5 cm

TIPP
Variieren Sie die Blüten! Falten Sie am Ende noch die Spitzen der Blütenblätter nach innen und bringen Sie kleine Bergfalten an (siehe Blüte ganz rechts).

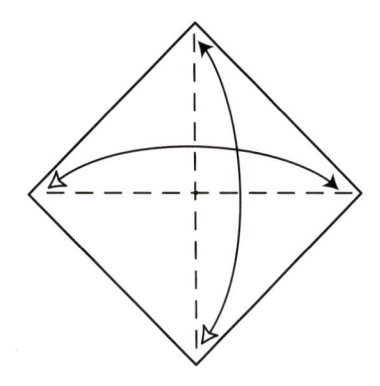

1. Die Farbe des Blüteninneren liegt unten. Diagonalen falten und wieder öffnen.

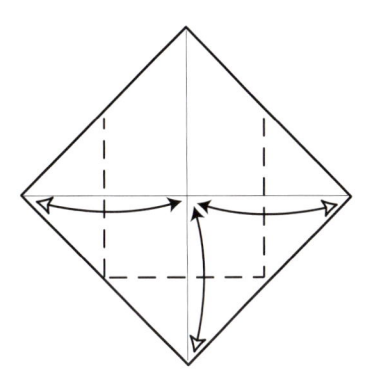

2. Drei Ecken zur Mitte falten. Öffnen.

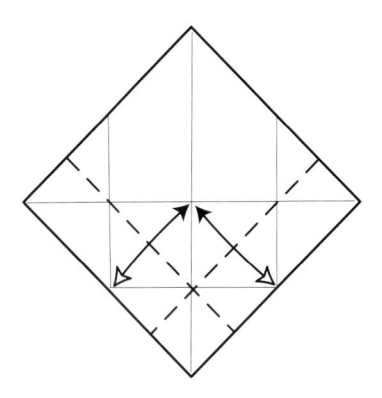

3. Jeweils die linke und rechte untere Kante zur Mitte falten. Öffnen.

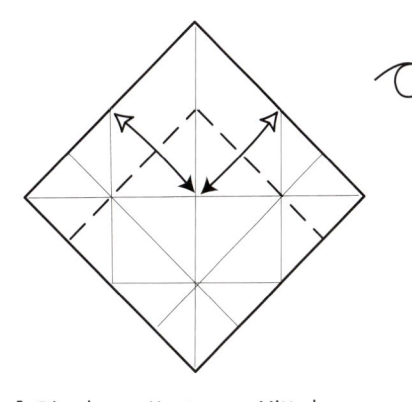

4. Die oberen Kanten zur Mitte legen, nur jeweils den Bereich von der Außenkante bis zur senkrechten Mittellinie falten. Öffnen und das Modell wenden.

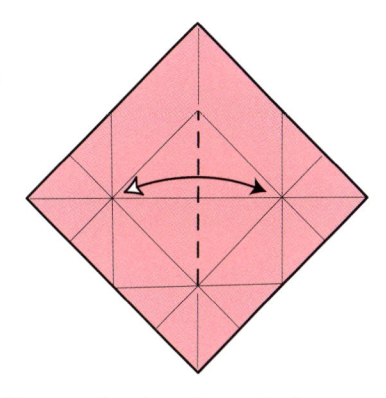

5. Die senkrechte Diagonale des inneren Quadrats falten. Öffnen und das Modell wenden.

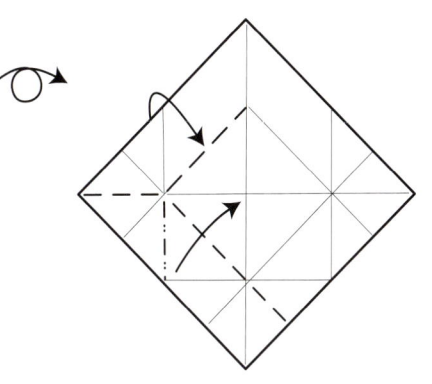

6. Gleichzeitig die linken Kanten zur Mitte falten un die hochstehende Spitze nach unten glatt streichen.

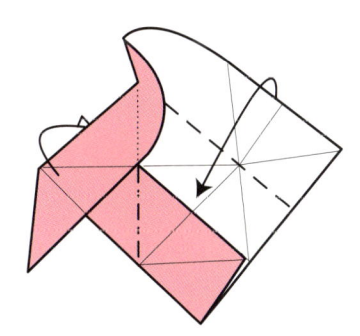

7. Die rechte obere Kante zur Mitte falten und die linke Seite nach hinten umklappen.

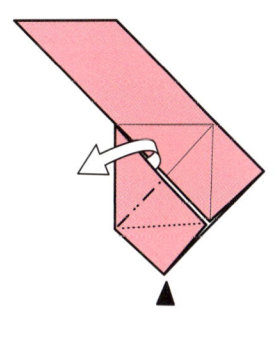

8. Untere Lage leicht öffnen, dabei die untere Ecke anschieben. Flachdrücken.

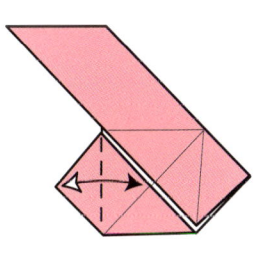

9. Senkrechte Talfalte anbringen. Wieder öffnen.

45

10. Oberen Bereich des Modells aufklappen.

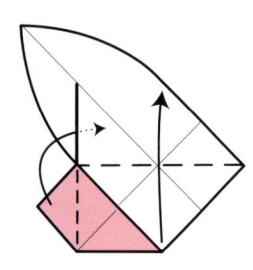

11. Zuerst den unteren Teil hochfalten, dann die linke Seite leicht anheben und das linke überstehende Dreieck zum Verschließen nach hinten unter die Lagen stecken.

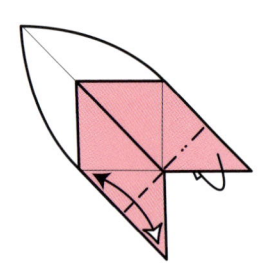

12. Linke Spitze falten und wieder öffnen. Rechte Spitze nach hinten falten.

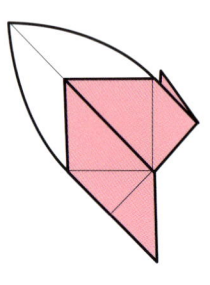

13. Das fertige Modul. Es werden insgesamt 5 Module benötigt, hierzu Faltschritte 1–12 wiederholen.

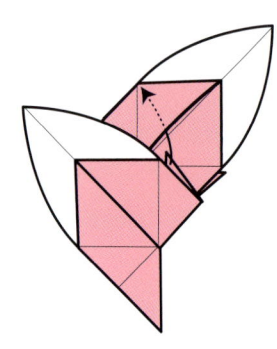

14. Montage: Rechte untere Spitze des linken Blütenblattes in die Tasche des nächsten Blattes schieben.

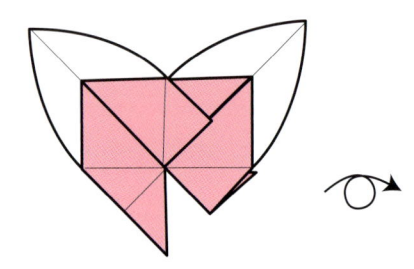

15. Zwei zusammengesteckte Module. Modell wenden.

16. An der Unterseite der Blume die rechte Spitze des linken Blattes in die gegenüberliegende Tasche des rechten Blattes schieben.

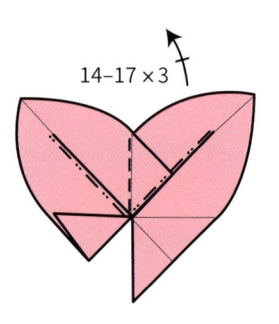

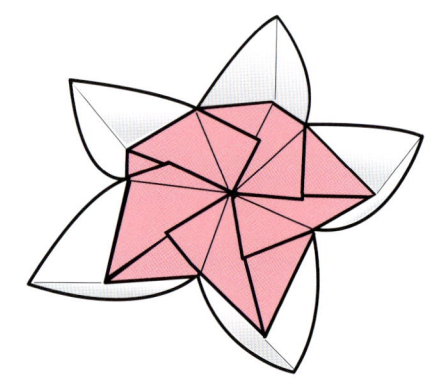

17. Nochmals kräftig entlang der markierten Linien tal- bzw. bergfalten. Schritte 14–17 bei den restlichen Modulen wiederholen bis alle miteinander verbunden sind. Wenden, dann wird die fertige Blüte sichtbar.

LAMPIONBLUME

Die Lampionblume gehört zur Gattung der Physalis. Sie wächst häufig wild und überrascht uns im Herbst mit ihren leuchtend orangefarbenen Lampions. Die leckeren Früchte produziert allerdings nur ihre südamerikanische Schwester, die Kapstachelbeere, auch bekannt als Physalis.

von Evi Binzinger · Größe: 7,5 cm hoch

MATERIAL
- Origamikraftpapier in Orange, Sand oder Grün, ca. 60 g/m², ø 15 cm

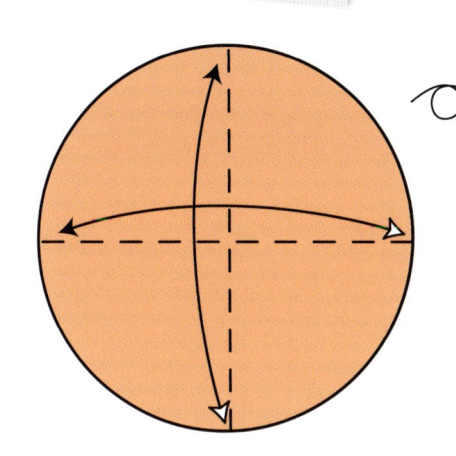

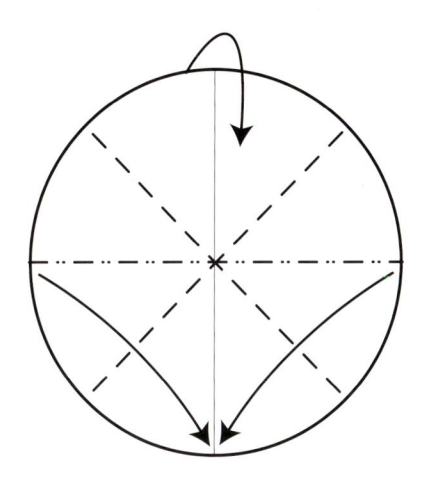

SCHWIERIGKEITSGRAD ★★★

1. Den Kreis horizontal und vertikal zur Hälfte falten, wieder öffnen und wenden.

2. Die Viertel nochmals halbieren.

3. Dann die Faltkanten wie abgebildet ausformen und ein zusammengeschobenes Dreieck falten.

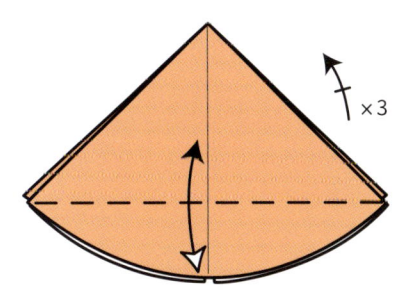

4. Den runden Rand nach oben klappen und wieder öffnen. Vorgang an den anderen Flügeln wiederholen.

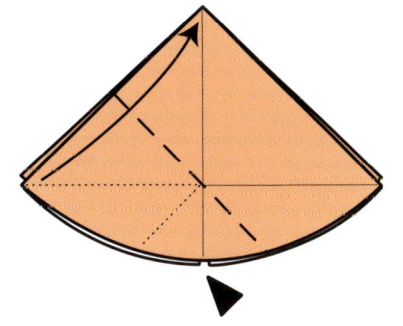

5. Die linke Ecke zur Mittellinie falten und das Papier flachdrücken.

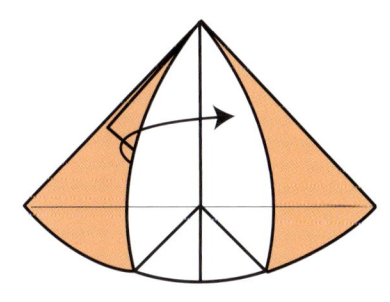

6. Danach die linke Seite nach rechts klappen.

47

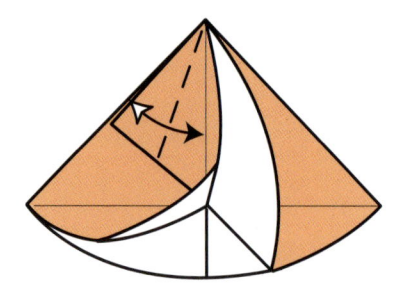

7. Das kleine Dreieck wie abgebildet zur Hälfte falten und wieder öffnen.

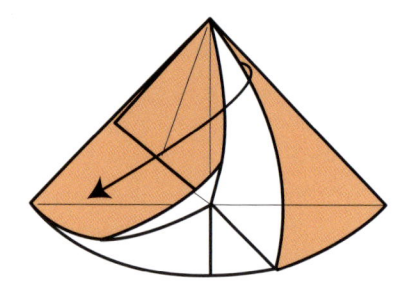

8. Anschließend die obere Ecke zur linken unteren Ecke falten.

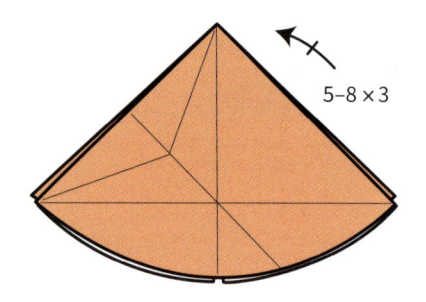

9. Schritte 5–8 an den anderen Flügeln wiederholen.

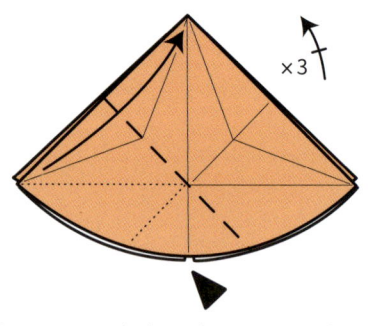

10. Die untere linke Ecke erneut nach oben an die Mittellinie falten und Papier flachdrücken. Vorgang an den anderen Flügeln wiederholen.

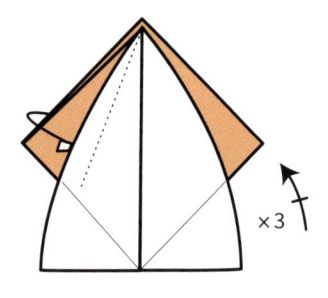

11. Die Außenkante des linken Dreiecks zur Mitte falten, unter die obere Papierlage schieben und gut festdrücken. Vorgang an den anderen Seiten wiederholen.

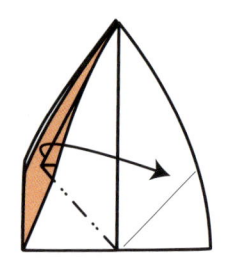

12. Die linke Seite mit dem darunter liegenden Dreieck nach rechts falten und flachdrücken.

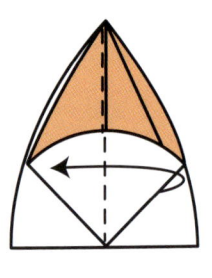

13. Die rechte Seite wieder nach links klappen.

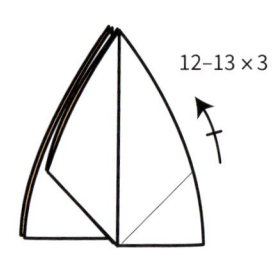

14. Schritte 12–13 an den anderen Seiten wiederholen.

15. Die vier Flügel auseinanderziehen und ausrichten. Die Unterseite flachdrücken. Flügel vorsichtig festhalten und in das Loch an der Unterseite hineinpusten.

TIPP

Wenn Sie einen ganzen Stängel mit Lampions fertigen möchten, verwenden Sie am besten papierumwickelten Draht, auf den Sie Ihre Faltungen aufstecken.

MATERIAL
- ein- oder zweifarbiges Origamipapier in Dunkelbraun und Sand mit Maserung oder in Beige-Braun, ca. 90 g/m², 7,5 × 15 cm (große Eule) und 3,75 × 7,5 cm (kleine Eule)

WALDOHREULE

Die Waldohreule erkennt man an ihren leuchtend orangefarbenen Augen und ihren langen Federohren oben am Kopf. Diese sind in Wahrheit jedoch keine Ohren, sondern lediglich Schmuckfedern, die sie im Flug oder im Ruhezustand auch anlegen kann. Ihre tatsächlichen Ohren befinden sich seitlich am Kopf versteckt im Gefieder.

SCHWIERIGKEITSGRAD ★★☆

von Evi Binzinger · Größe: 9,5 cm

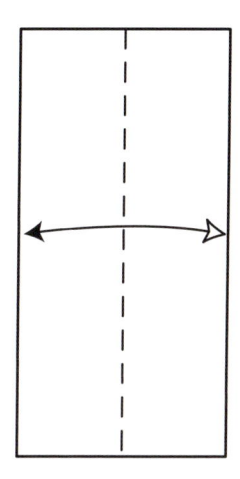

1. Die Farbe der Eule zeigt nach unten. Das Rechteck längs zur Hälfte falten und wieder öffnen.

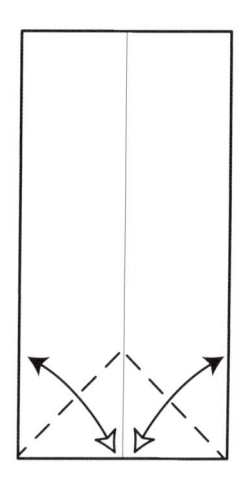

2. Im unteren Bereich links und rechts jeweils eine Diagonale falten und wieder öffnen. Modell wenden.

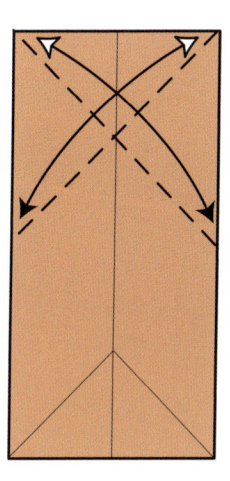

3. Die Diagonalen im oberen Bereich falten und öffnen. Modell wenden.

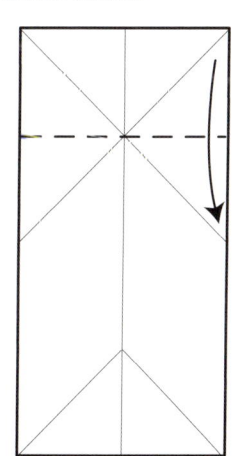

4. Die obere Kante auf Höhe des Schnittpunkts der Diagonalen nach unten falten.

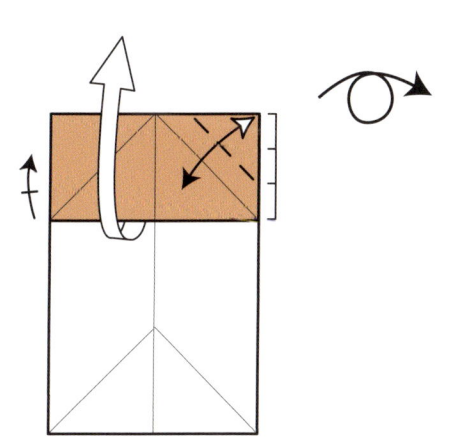

5. Zwei Drittel des rechten Dreiecks talfalten und wieder öffnen. Auf der linken Seite wiederholen. Modell entfalten und wenden.

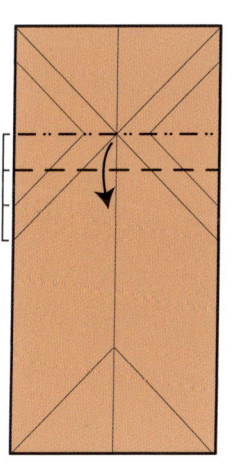

6. Oberen Modellbereich im Zickzack herunterfalten.

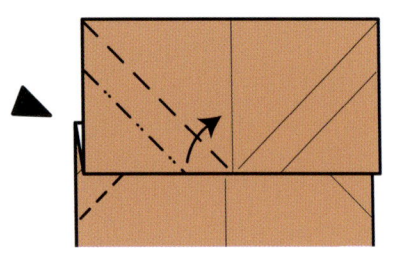

7. Die kleine Kante zwischen Berg- und Talfalte an die Mittellinie falten und die Faltkanten wie abgebildet ausformen. Dabei die markierte Papierlage (links) nach innen schieben.

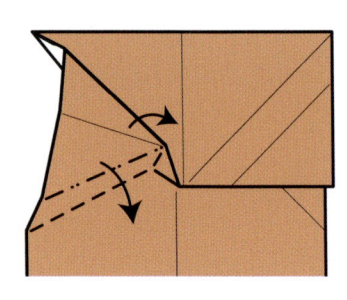

8. Auch die unteren Faltkanten wie abgebildet ausformen und so das hochstehende Dreieck flachdrücken.

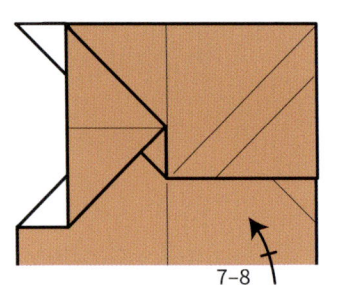

9. Schritte 7–8 auf der rechten Seite wiederholen.

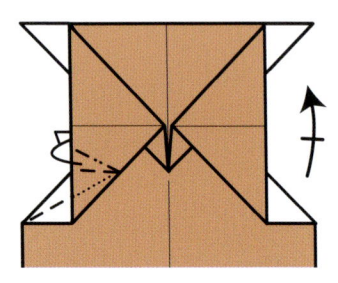

10. Unterkante des Kopfes mithilfe einer Bergfalte festlegen und das überschüssige Papier mit einer Talfalte so weit wie möglich darunter verstecken. Auf der rechten Seite wiederholen.

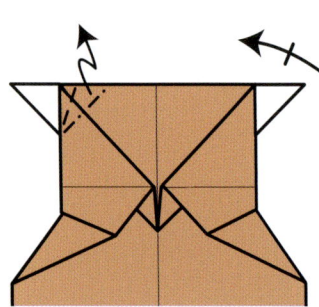

11. Die obere linke Ecke des Kopfes im Zickzack schräg nach hinten falten, sodass sich das Ohr aufstellt. Rechts wiederholen.

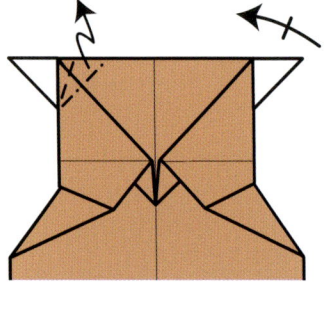

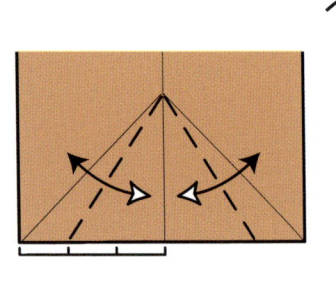

12. Nun im unteren Bereich jeweils das äußere Drittel des linken und rechten Dreiecks nach innen falten und wieder öffnen. Modell wenden.

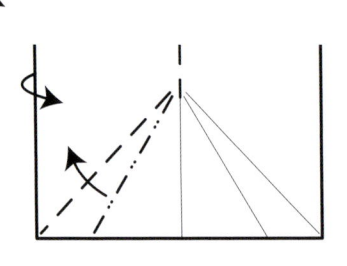

13. Die Faltkanten wie abgebildet ausformen und die linke Seite im Zickzack nach oben falten. Das Modell liegt nun nicht mehr flach.

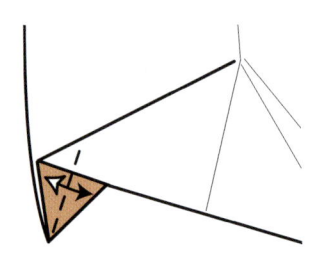

14. Links das kleine farbige Dreieck zur Hälfte falten und wieder öffnen.

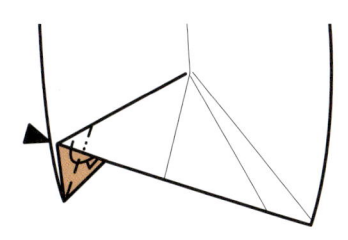

15. Die linke Hälfte der kleinen Fläche erneut nach rechts falten und dabei unter die obere Papierlage schieben.

16. Schritte 13-15 auf der rechten Seite wiederholen.

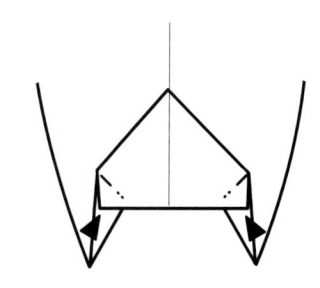

17. Die markierten Ecken wie abgebildet nach innen versenken. So entstehen die Füße der Eule.

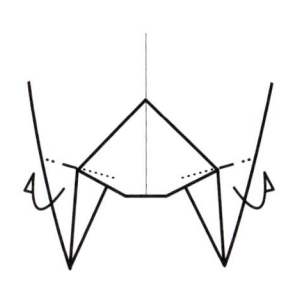

18. Die Füße nach hinten falten. Modell wenden.

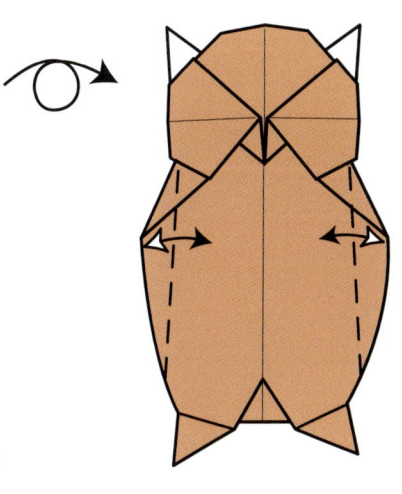

19. Zuletzt die Flügel talfalten und wieder öffnen. Fertig.

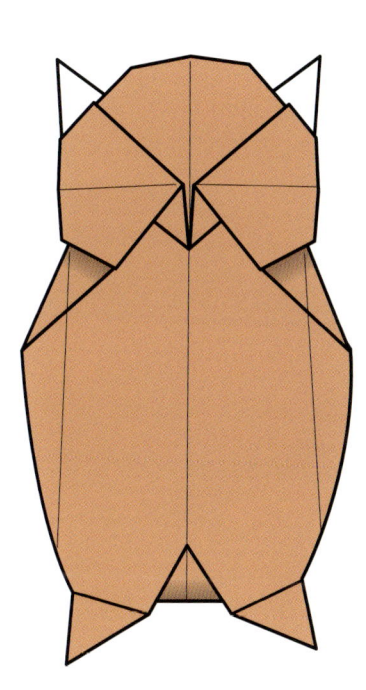

TIPP

Die Eule kann stehen! Drücken Sie den Boden und die Füße flach. Zusätzlich können auch ein stabileres Papier und ein kleineres Ausgangsformat die Standfestigkeit verbessern.

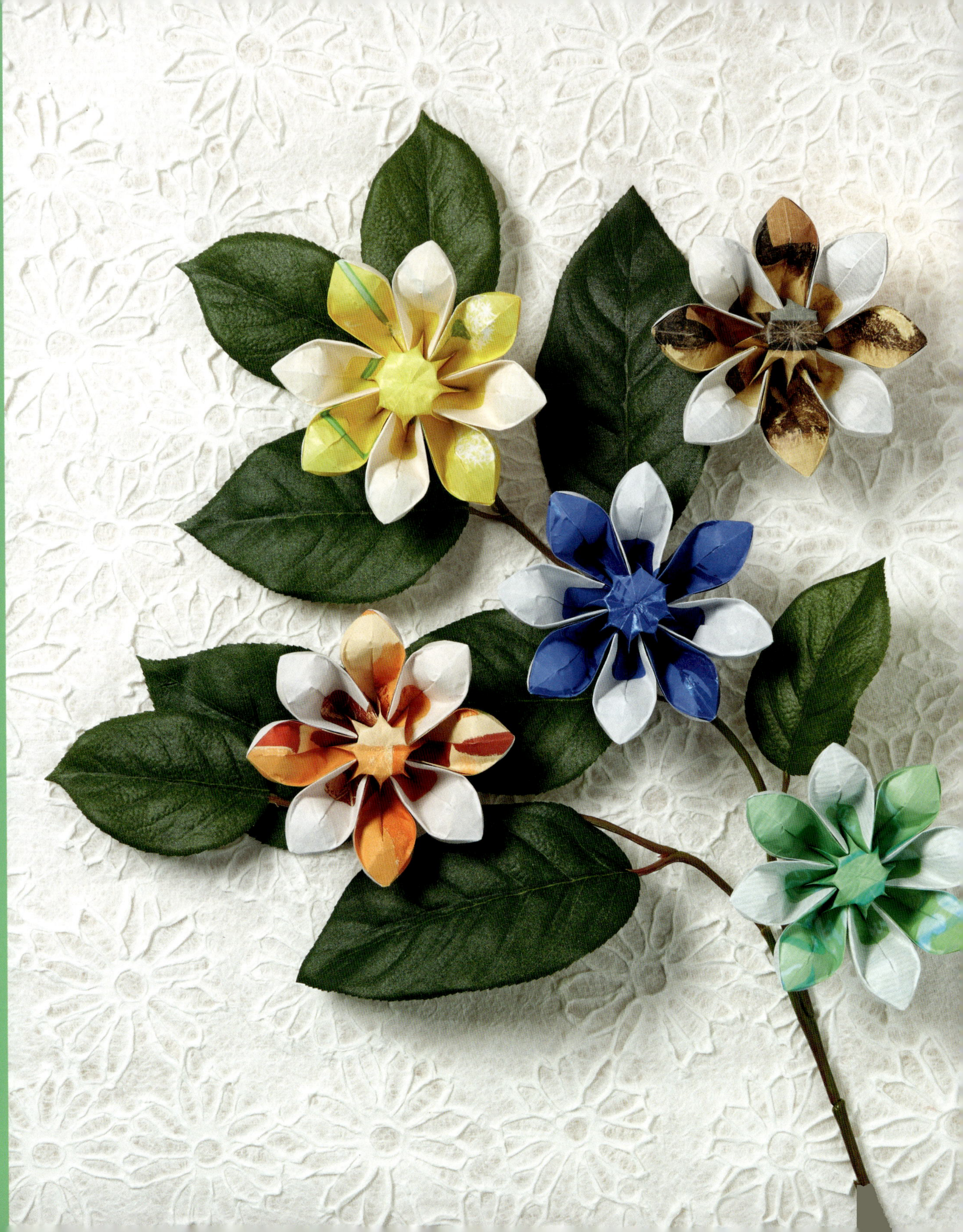

BLÜTE „DAISY"

In der Natur gibt es fast alles, aber Blumen mit abwechselnd gefärbten Blütenblättern leider noch nicht. Dekorativ sind diese Papierblüten aber allemal. Wer möchte, kann in das kleine Loch auf der Rückseite einen Stiel einstecken und auf diese Weise einen Strauß zusammenstellen.

von Stefan Delecat · Größe: 9 cm

SCHWIERIGKEITSGRAD ★★★

MATERIAL
- Origamipapier in zwei Farben, ca. 65 g/m², 20 × 20 cm
- Ggfs. Blumendraht oder Schaschlikspieß

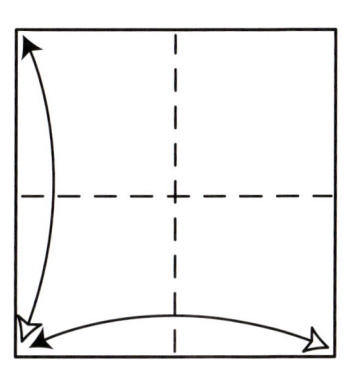

1. Die Farbe der Blütenmitte zeigt nach oben. Das Papier zur Hälfte falten und wieder öffnen.

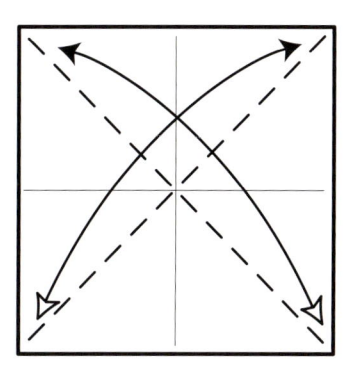

2. Dann die Diagonalen falten und wieder öffnen.

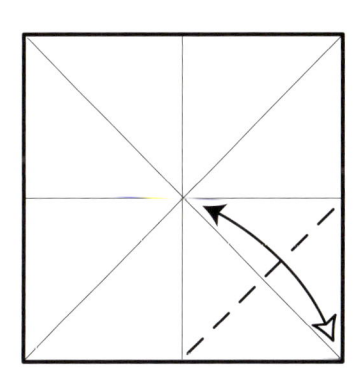

3. Die Ecke zur Mitte falten und wieder öffnen. An den anderen drei Ecken wiederholen.

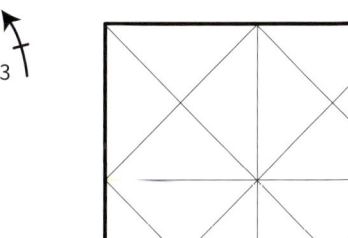

4. Ecke wie abgebildet an die Faltlinie von Schritt 3 heran falten. An den anderen Ecken wiederholen.

55

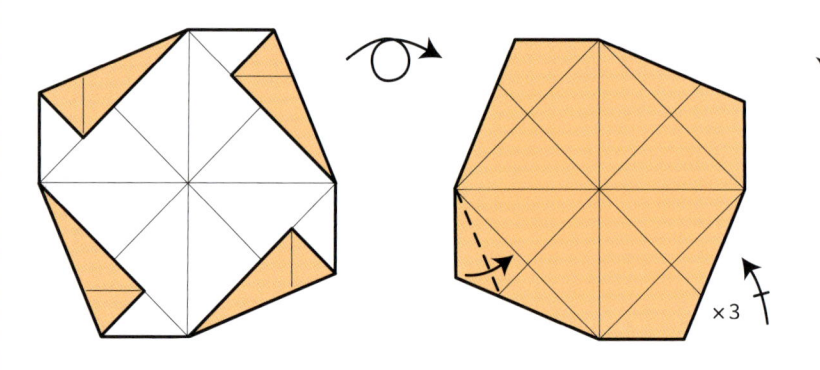

5. Modell wenden. An die Faltlinie von Schritt 3 heranfalten. An den anderen Ecken wiederholen. Ein Stück drehen.

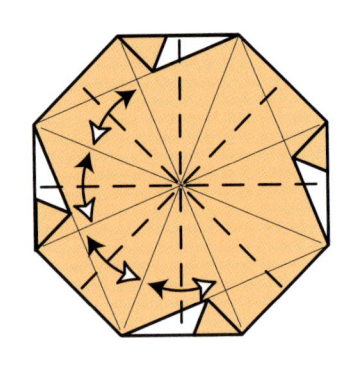

6. Das Modell in 4 Richtungen falten und wieder öffnen. Modell wenden.

7. Modell mithilfe aller Linien im Zickzack zusammenfalten.

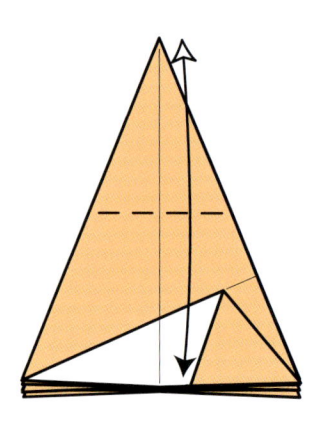

8. Die Spitze an die Unterkante falten und wieder öffnen.

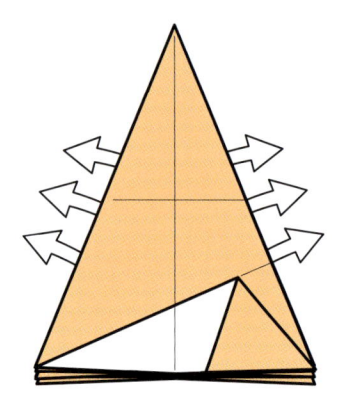

9. Alle Papierlagen wieder etwas auseinanderziehen.

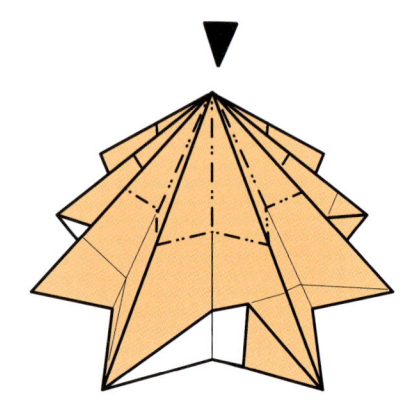

10. Die Spitze entlang der Faltlinie aus Schritt 8 nach innen stülpen.

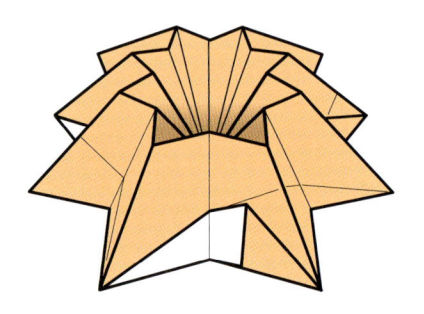

11. Alle Papierlagen wieder symmetrisch zusammenlegen.

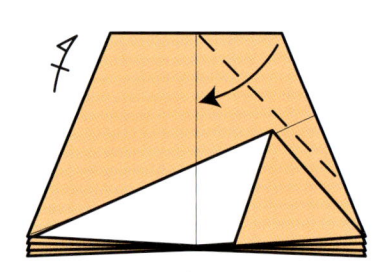

12. Rechte Ecke an die Mittellinie falten. Hinten links wiederholen.

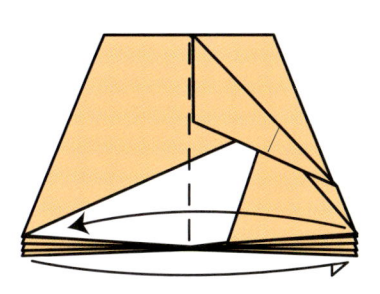

13. Vorne eine Lage nach links und hinten eine Lage nach rechts falten.

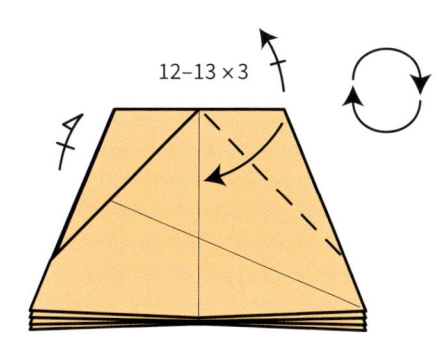

14. Schritte 12–13 an den anderen Ecken wiederholen. Modell um 180° drehen

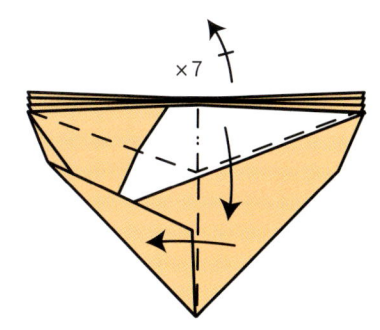

15. Von oben eine Papierlage einklappen: Rechts entlang der Papierkante, links symmetrisch zur rechten Seite falten. Dann den Flügel nach links herüberfalten. An allen Seiten wiederholen.

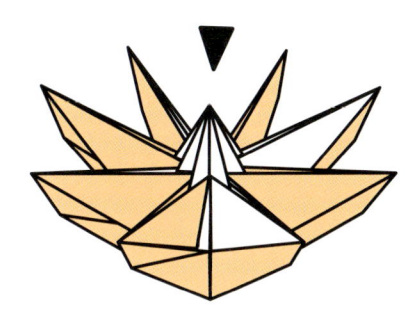

16. Die Spitzen leicht nach außen ziehen und dabei die Blütenmitte flachdrücken.

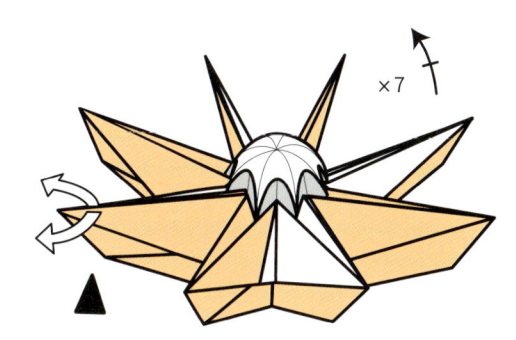

17. Blütenblätter ausformen: Spitze von oben öffnen und dann von unten durchdrücken. Dabei die Papierlagen nahe der Blütenmitte von unten so gut es geht zusammenhalten.

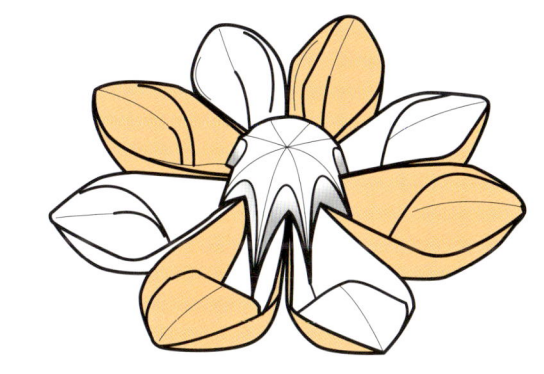

TIPP

Verwenden Sie einen dicken Blumendraht als Stiel oder falten Sie sich Blätter und Stiel wie bei der Tulpe beschrieben.

STERNEN-WÜRFEL-MOBILE

Der Sternen-Würfel ist ein Modell für geduldige Faltkünstler. Zuerst falten Sie sechs gleiche Teile, die Sie anschließend zum Würfel zusammensetzen. Wenn Sie etwas mehr Zeit haben, lohnt es sich, gleich mehrere Würfel in unterschiedlichen Größen zu fertigen. Dann können Sie daraus ein eindrucksvolles Mobile herstellen.

von Stefan Delecat · Größe: ca. 5 cm

SCHWIERIGKEITSGRAD
★★★

MATERIAL
- 6 Blatt zweifarbiges Origamipapier in Rot-Weiß, Grün-Gold oder Blau-Silber, ca. 65 g/m², 15 × 15 cm

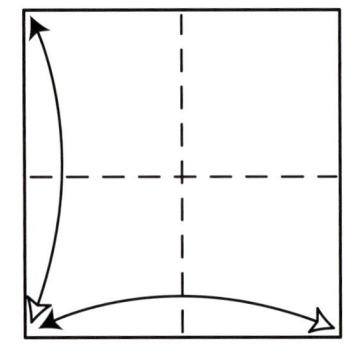

1. Die Farbe des Sterns zeigt nach unten. Das Quadrat zweimal zur Hälfte falten und wieder öffnen.

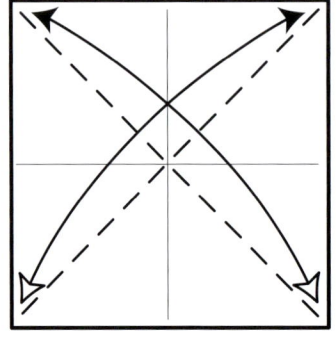

2. Beide Diagonalen falten und wieder öffnen.

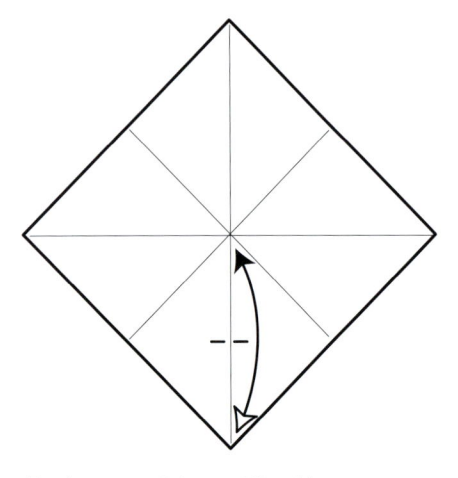

3. Die untere Ecke zur Mitte klappen, eine kleine Markierung falten und wieder öffnen.

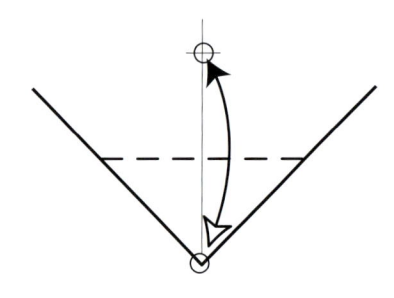

4. Dann die Ecke zur Markierung falten und wieder öffnen.

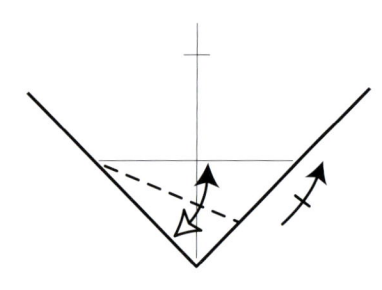

5. Die linke Kante wie abgebildet an die Faltlinie von Schritt 4 heranfalten und wieder öffnen. Spiegelsymmetrisch mit der rechten Kante wiederholen.

TIPP

Arbeiten Sie auch noch Perlen und andere Origamifiguren in Ihr Mobile ein, das lockert die strenge Form der Würfel auf.

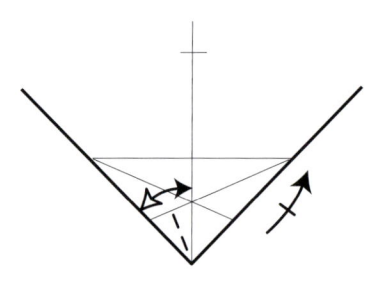

6. Wie abgebildet die Winkelhalbierende falten. Auf der anderen Seite wiederholen.

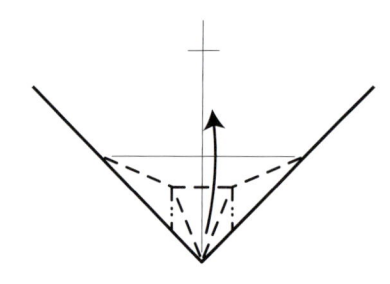

7. Die Faltlinien wie gezeigt ausformen, die Ecke nach oben falten und das Dreieck flachdrücken.

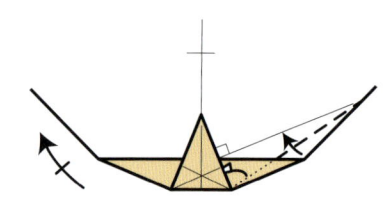

8. Die rechte Lasche soweit unter das Dreieck falten bis zwischen den Papierlagen ein rechter Winkel entsteht. Auf der linken Seite wiederholen.

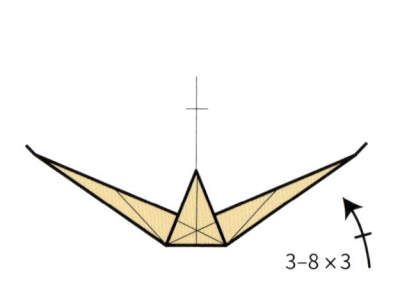

3–8 × 3

9. Schritte 3–8 an den restlichen Ecken wiederholen.

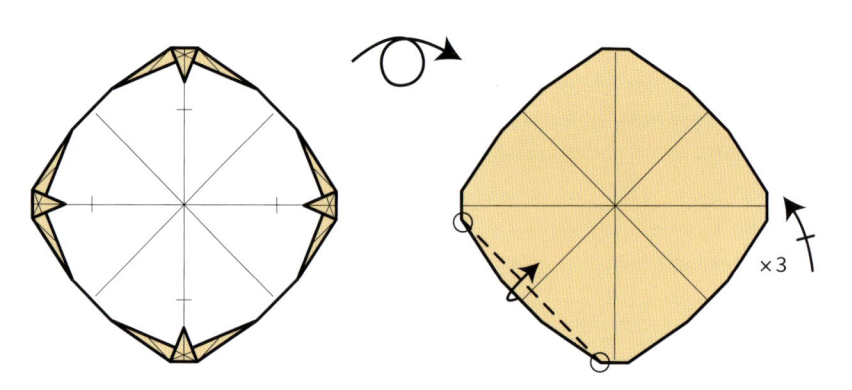

10. Modell wenden. Zwischen den Markierungen einen schmalen Streifen nach vorne falten. An den anderen Seiten wiederholen.

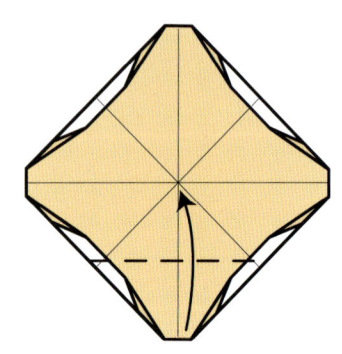

× 3

11. Die untere Ecke an die Mittellinie heranfalten.

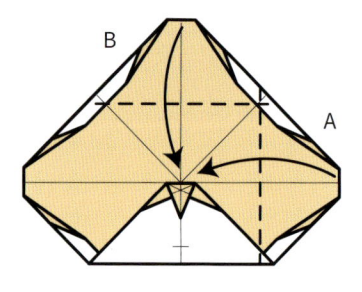

B   A

12. Schritt 11 erst an der rechten, dann an der oberen Ecke wiederholen.

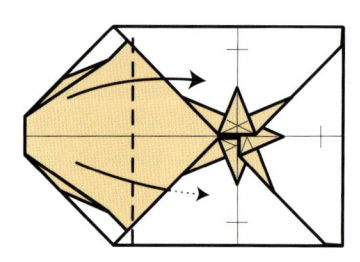

13. Die letzte Ecke genauso falten, dabei jedoch deren rechte Kante unter die Lage der ersten Ecke stecken.

60

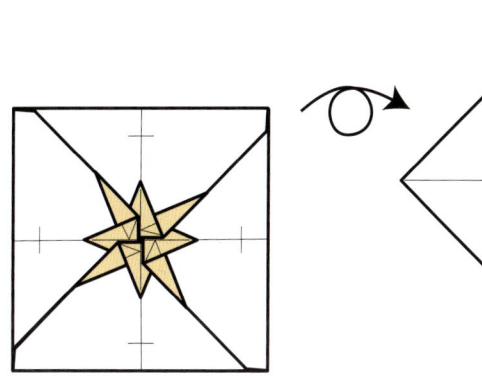

14. Modell wenden. Die untere Ecke zur Mitte klappen, eine kleine Markierung falten und wieder öffnen. An den restlichen Ecken wiederholen.

15. Die untere Ecke bis zur Markierung falten. An den restlichen Ecken wiederholen.

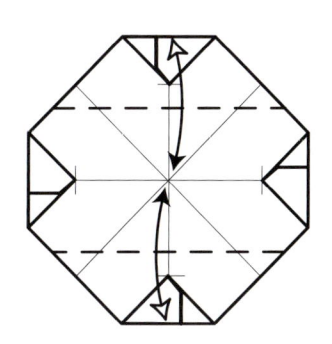

16. Die obere und untere Kante an die Mittellinie falten und wieder öffnen.

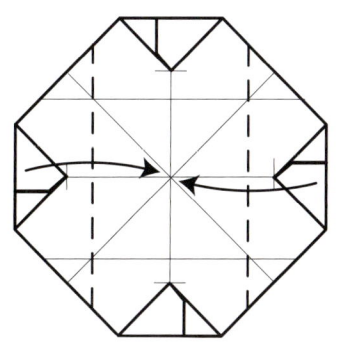

17. Dann die linke und rechte Kante an die Mittellinie falten.

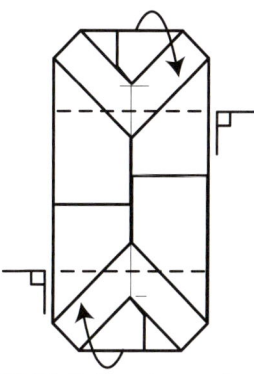

18. Die Seiten oben und unten entlang der Faltlinien aus Schritt 16 senkrecht aufstellen.

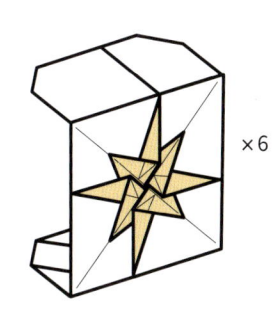

19. Damit ist das erste Modul fertig. Hiervon insgesamt 6 Stück herstellen.

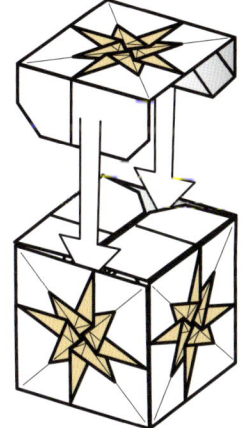

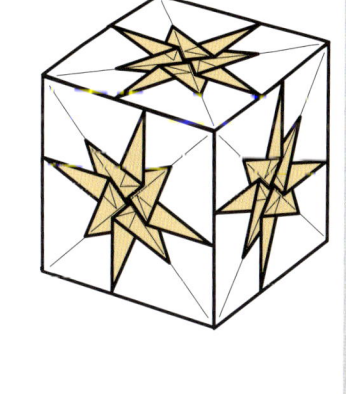

FERTIGSTELLEN

20. Ein Modul hinlegen. Die Laschen zweier weiterer Module auf dessen Unterseite positionieren.

21. Zwei weitere Module seitlich einfügen.

22. Das letzte Modul oben einstecken.

61

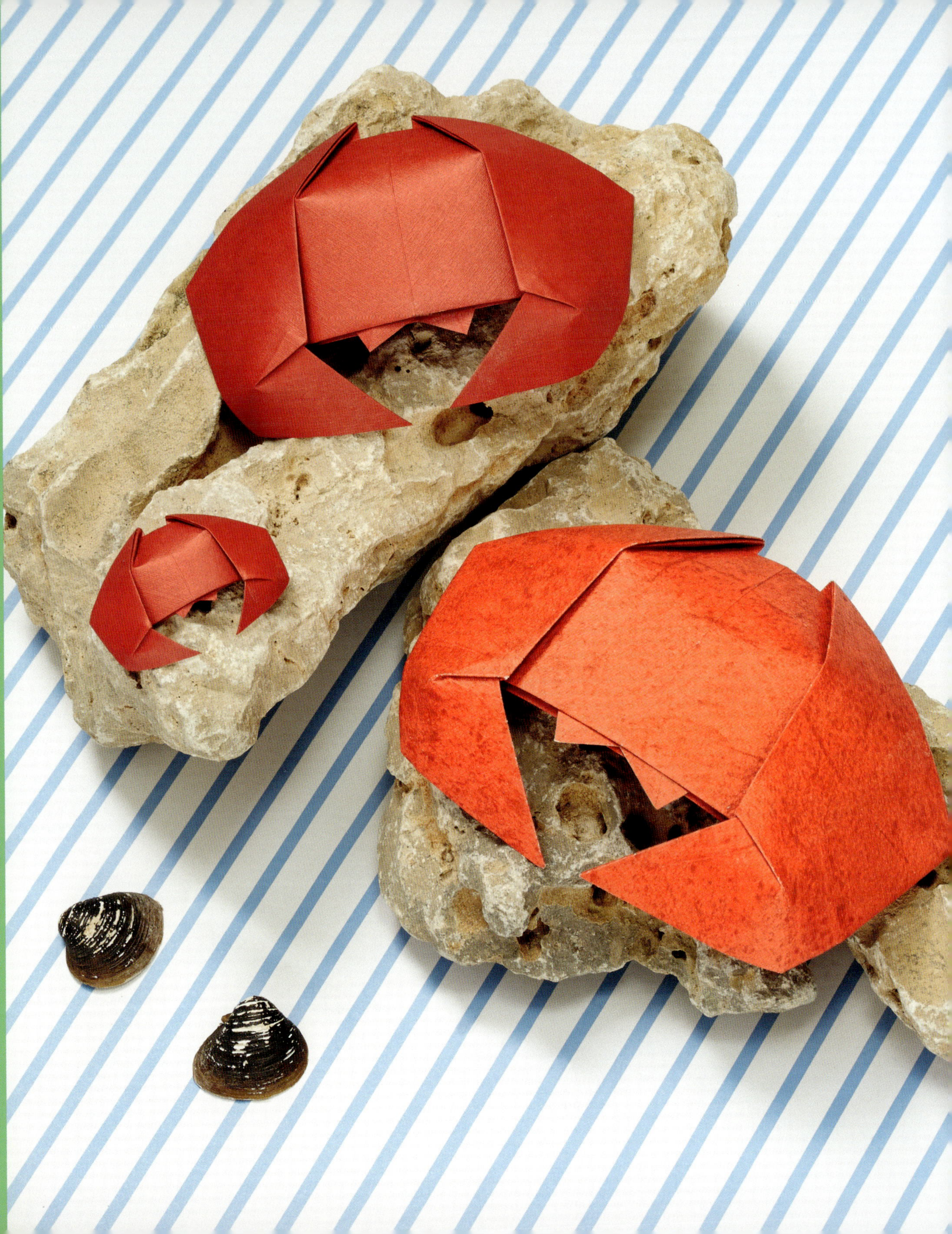

KRABBE

Urlaubsreif? Lust auf Sonne, Strand und Meer?
Beim Falten dieser Krabben spüren Sie garantiert den Sand unter
Ihren Füßen und den salzigen Wind in Ihrem Gesicht.

von Nick Robinson · Größe: 12 cm

SCHWIERIGKEITSGRAD
★ ★ ★

MATERIAL
- Künstlerpapier oder Elefantenhaut in Orangerot, ca. 110 g/m², 20 × 20 cm, 15 × 15 cm, 7,5 × 7,5 cm

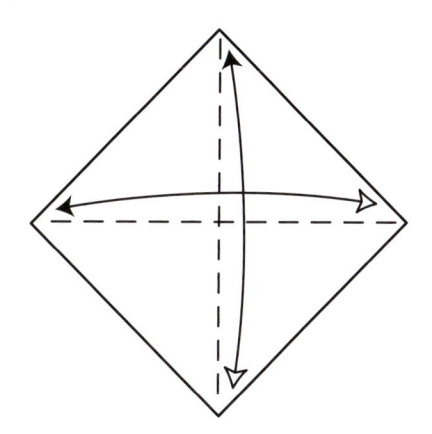

1. Die farbige Seite des Papier zeigt nach unten. Diagonalen falten und wieder öffnen.

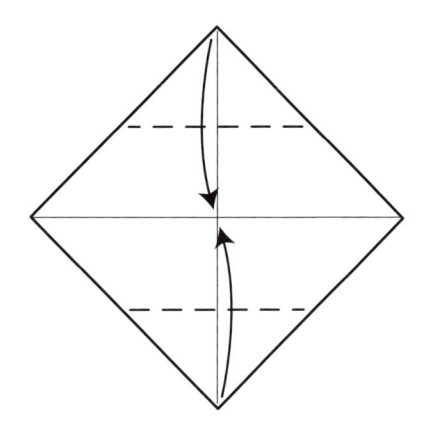

2. Untere und obere Ecke zur Mitte falten.

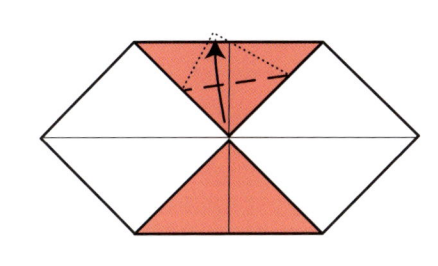

3. Die Ecke so nach oben falten, dass sie links der Mittellinie etwas übersteht (siehe Abbildung).

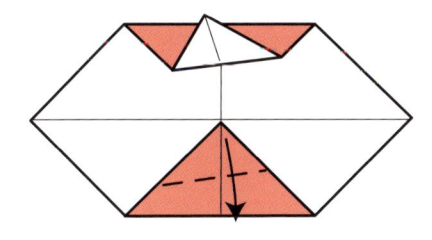

4. Schritt 3 an der unteren Ecke spiegelsymmetrisch wiederholen.

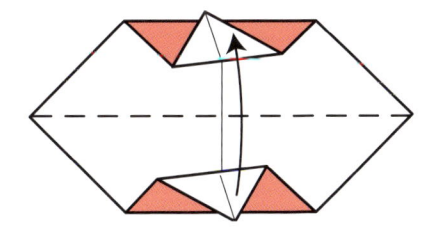

5. Nun das Modell zur Hälfte zusammenfalten.

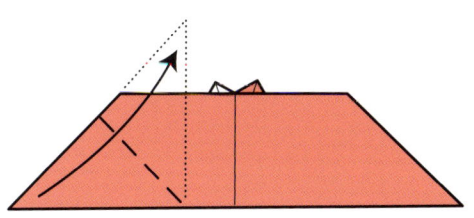

6. Dann die linke Spitze mit etwas Abstand zu den Augen senkrecht hochfalten.

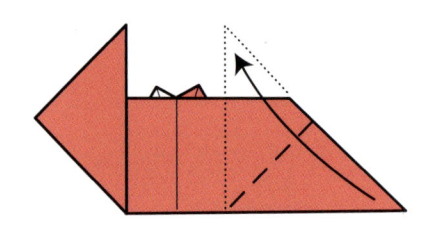

7. Schritt 6 rechts wiederholen.

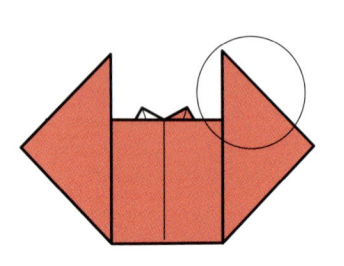

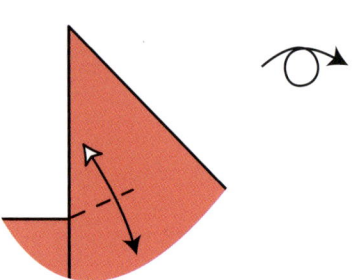

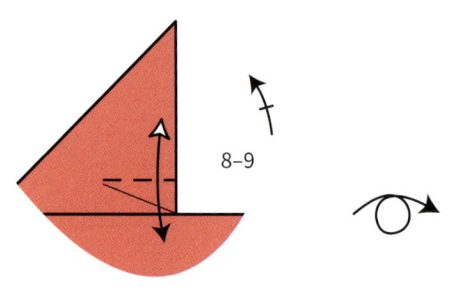

8. Die nächsten Faltschritte werden in Detailansicht gezeigt. Die rechte Spitze wie abgebildet nach unten klappen, eine kleine Talfalte einprägen und das Modell wenden.

9. Die Spitze erneut nach unten klappen und waagerecht eine Talfalte einprägen, die vom Rand bis zur Faltkante aus Schritt 8 reicht. Wieder öffnen. Schritte 8–9 links wiederholen. Modell wenden.

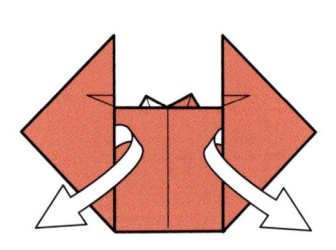

10. Spitzen wieder entfalten.

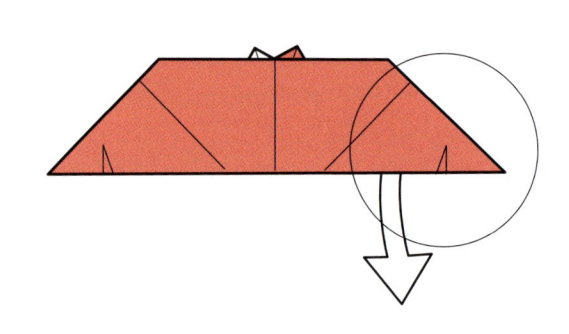

11. Hintere Papierlage wieder hervorholen. Die nächsten Faltschritte werden wieder in Detailansicht gezeigt.

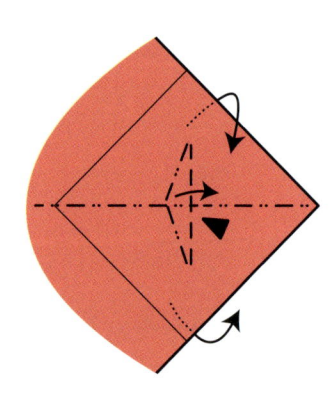

12. Den dreieckigen Bereich nach rechts herüberfalten und dabei die Papierlage anheben.

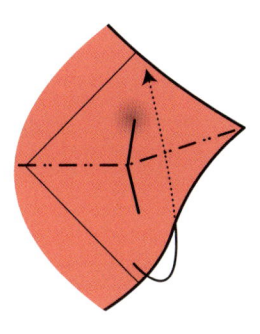

13. Modell wieder zusammenfalten. Falls nötig, dabei alle Papierlagen in der Mitte (Schattierung) nach unten durchdrücken.

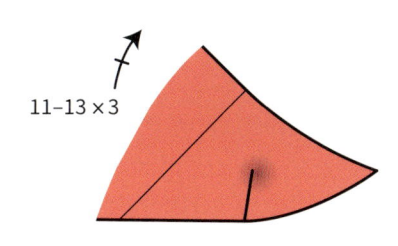

14. Schritte 11–13 links wiederholen.

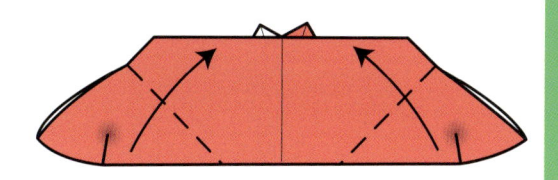

15. Die Spitzen wieder wie in den Schritten 6–7 nach oben klappen.

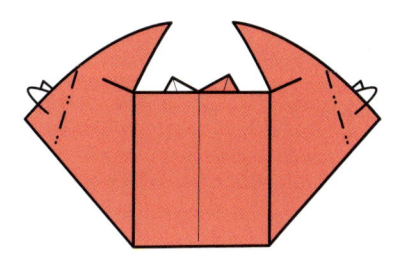

16. Dann die zwei markierten Ecken nach hinten umfalten.

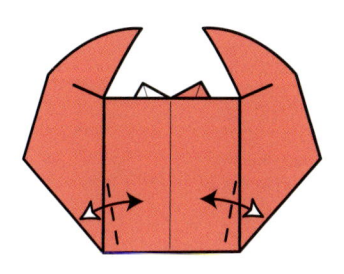

17. Die unteren Ecken wie abgebildet falten und wieder öffnen. Anschließend das Modell wenden.

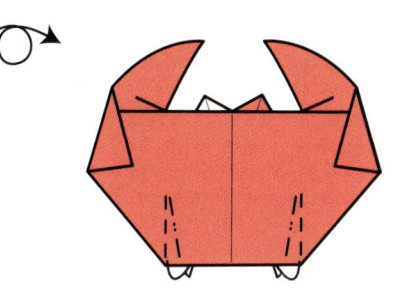

18. Im Zickzack die Ecken unterfalten. Das Modell ist nun leicht konkav.

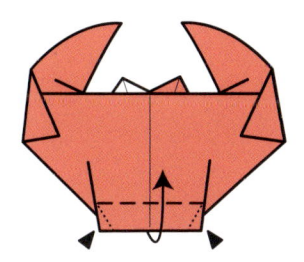

19. Den unteren Rand hochfalten und die Seiten dreieckig flachdrücken. Faltkanten fest nachziehen.

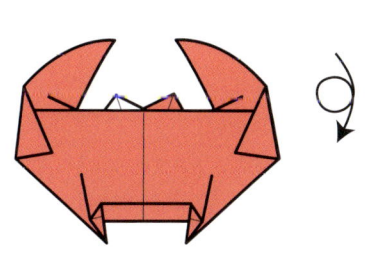

20. Zum Schluss die nach innen gewölbte Form des Modells prüfen und ggfs. nacharbeiten. Dann das Modell wenden.

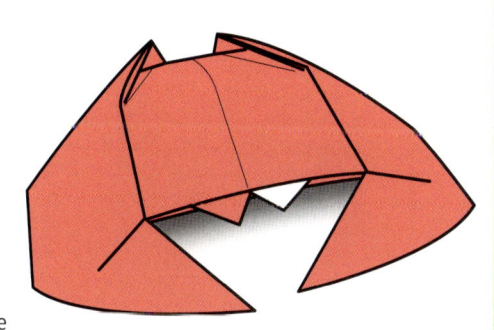

65

KUSUDAMA-BLÜTE

Die Faltung erinnert an die vierblättrige Blüte des Erdbeerjasmins, der durch seinen wohligen Erdbeerduft zahlreiche Parkanlagen bereichert. Das Modell ist als Einzelblüte oder als Modul für einen Blumenball (jap. Kusudama) verwendbar.

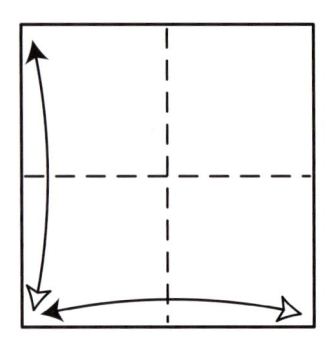

von Evi Binzinger · Größe: 8 cm

SCHWIERIGKEITSGRAD ★★★

1. Die Farbe der Blütenblätter zeigt nach oben. Das Papier jeweils zur Hälfte falten und wieder öffnen.

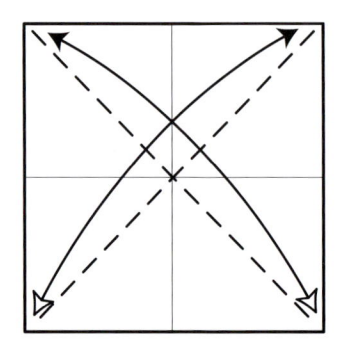

2. Die Diagonalen falten und öffnen.

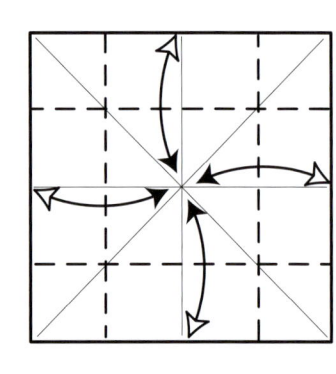

3. Die Kanten jeweils zur Mitte falten und wieder öffnen.

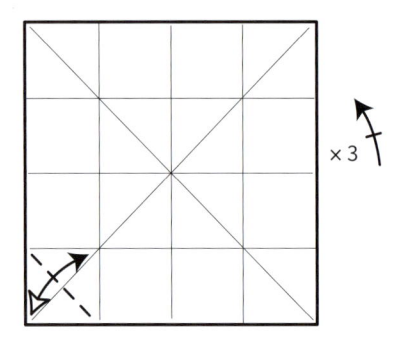

4. Eine Diagonale in das linke untere Quadrat falten. An den anderen drei Ecken wiederholen.

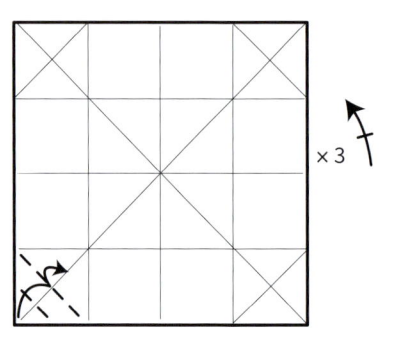

5. Linke untere Ecke bis zur Diagonale falten, dann entlang der Diagonale nochmals talfalten. An den anderen Ecken wiederholen.

66

MATERIAL
- Origamipapier in zarten Pastelltönen, zweifarbig, ca. 70 g/m², 15 × 15 cm

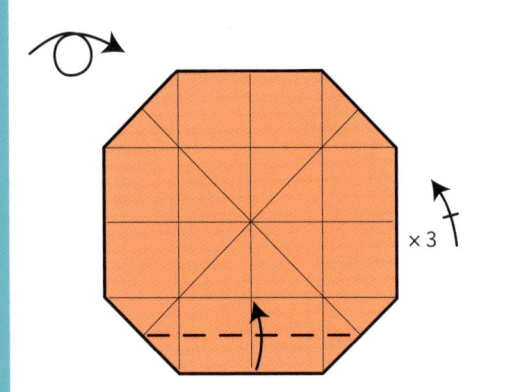

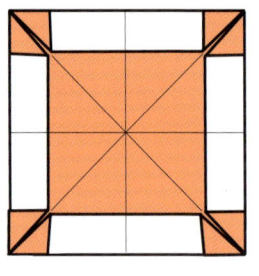

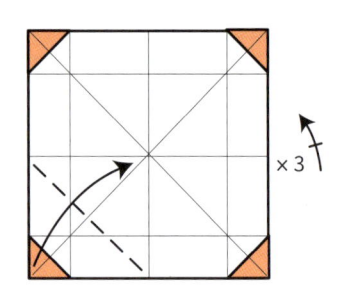

6. Modell wenden. Die unteren Quadrate zur Hälfte falten. An den anderen Seiten wiederholen.

7. Modell erneut wenden. Die linke untere Ecke zur Mitte falten. An den anderen Ecken wiederholen.

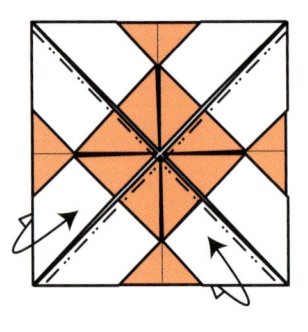

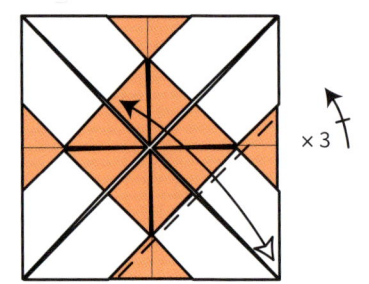

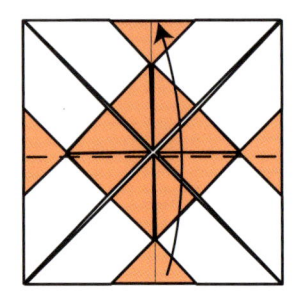

8. Beide Diagonalen nach hinten falten und wieder öffnen.

9. Die rechte untere Ecke entlang der dargestellten Strichlinie talfalten und wieder öffnen. An den anderen Ecken wiederholen.

10. Die Unterkante zur Oberkante hochfalten.

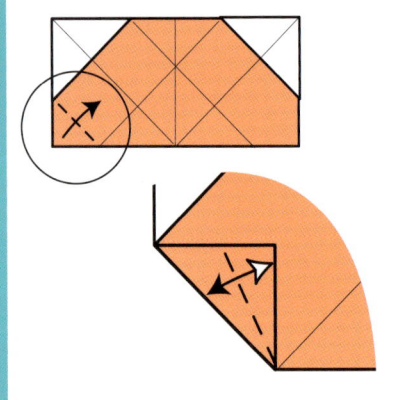

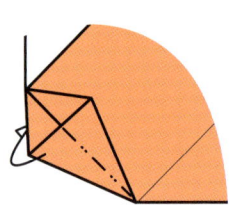

11. Das linke untere Dreieck talfalten. Dann das Dreieck zur Hälfte falten und wieder öffnen.

12. Die Tasche des Dreiecks öffnen und flachdrücken.

13. Die Hälfte der Drachenform nach hinten umfalten.

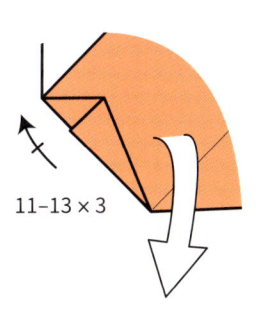

14. Schritte 11–13 an der rechten Ecke wiederholen, dann das Modell bis Schritt 9 auffalten. Das Quadrat längs zusammenklappen und Schritt 11–13 an den verbliebenen Ecken ausführen. Anschließend die Faltungen wieder bis Schritt 9 öffnen.

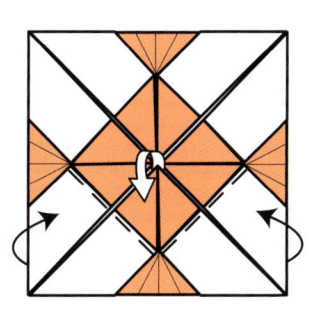

15. Die linke und rechte untere Ecke hochfalten (3D!), die Ecke in der Mitte anheben, verborgenes Papier hervorziehen. Das entstandene Hütchen durch seitliches Zusammendrücken fixieren.

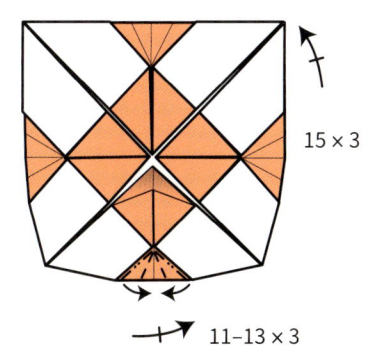

16. Schritt 15 an den anderen Ecken wiederholen. Danach die Faltungen aus Schritt 11–13 erneut ausführen, sodass alle Seiten verschlossen werden und ein Kästchen entsteht (siehe Skizze 17). Die Kanten gut festdrücken.

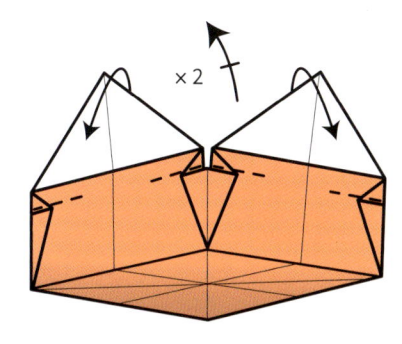

17. Die Blütenblätter wie abgebildet nach außen biegen und die Ecken des Kästchens dabei durch kurze, kräftige Falten fixieren. Vorgang an den anderen Seiten wiederholen.

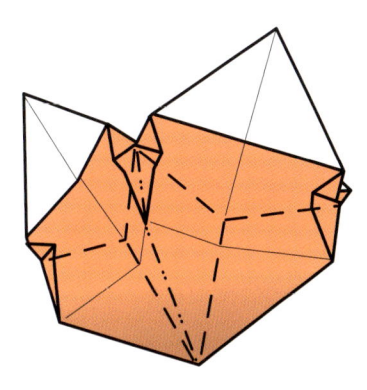

18. Alle Seiten mittig eindrücken, sodass ein spitzer Blütenkelch entsteht. Die vier Staubblätter im Zentrum der Blüte rücken hierdurch nah aneinander.

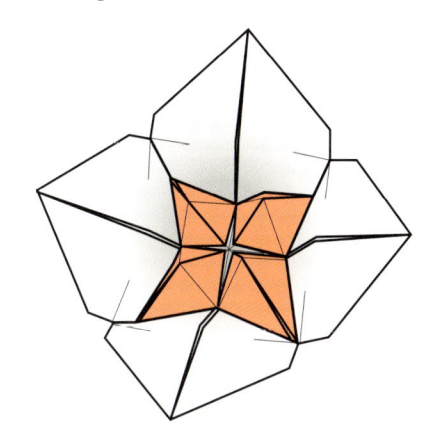

Die Blüte lässt sich vielseitig variieren. Wenn Sie z. B. nur bis Schritt 17 falten, erhalten Sie eine flache Form, die Sie aufkleben oder auf einer Anstecknadel befestigen können (auf dem Foto rechts). Für die Variante links im Bild überspringen Sie einfach die Schritte 10–14 und schieben stattdessen die seitlichen farbigen Dreiecke in Schritt 16 durch kleine Bergfalten nach innen. Experimentieren Sie selbst und entwickeln Sie eigene Blütenformen!

69

ENTENFAMILIE

Quietsche-Enten dürfen in keiner Badewanne fehlen. Aber mit einer gefalteten Entenfamilie können die wenigsten auftrumpfen. Papier und Wasser verträgt sich nicht? Falsch! Einfach Eltern und Küken aus wasserfestem Papier falten!

von Stefan Delecat · Größe: 8 cm

SCHWIERIGKEITSGRAD
★ ★ ★

MATERIAL
- Origamipapier in Gelb-Orange oder Orange-Rot, ca. 70 g/m², 20 × 20 cm

TIPP
Möchten Sie eine komplette Entenfamilie falten, verwenden Sie am besten unterschiedlich große Faltquadrate. Das Papier für die Eltern sollte etwa um ein Drittel größer sein als für die Küken.

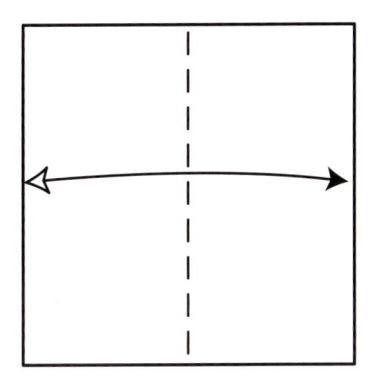

1. Die spätere Augenfarbe der Enten zeigt nach unten. Das Papier senkrecht zur Hälfte falten und wieder öffnen.

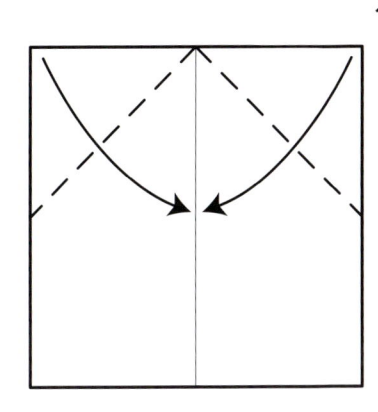

2. Die oberen zwei Ecken zur Mitte falten. Modell wenden.

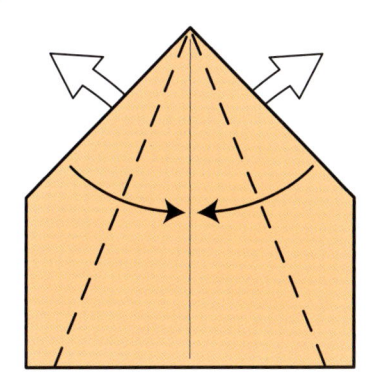

3. Die schrägen Kanten zur Mittellinie falten. Dabei die untere Papierlage nicht mitfalten, sondern die Ecken nach vorne holen.

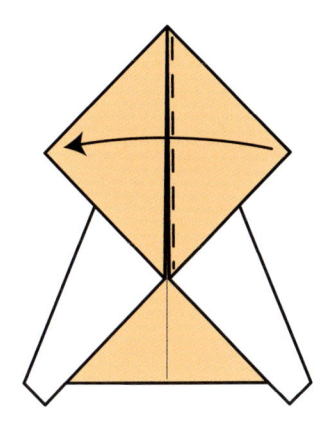

4. Eine Papierlage wie abgebildet nach links klappen.

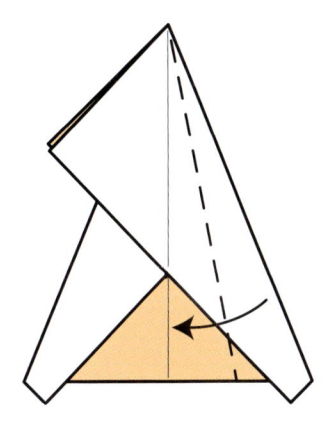

5. Dann die rechte Außenkante an die Mittellinie falten.

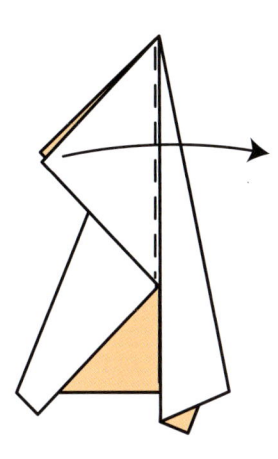

6. Die Papierlage zurückfalten.

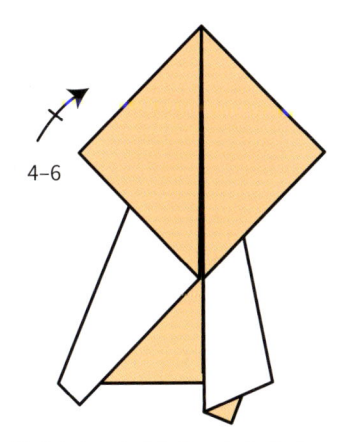

7. Schritte 4–6 links wiederholen.

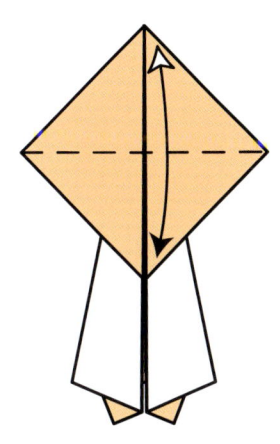

8. Spitze nach unten klappen und wieder öffnen.

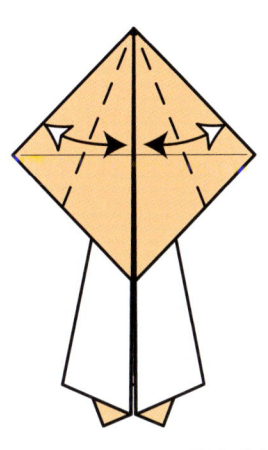

9. Obere Kanten zur Mittellinie falten und wieder öffnen.

71

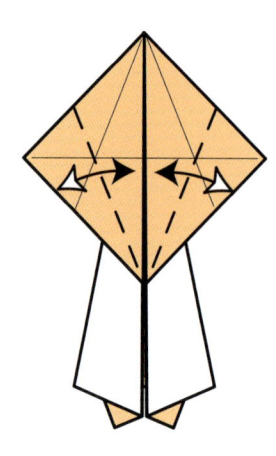

10. Untere Kanten zur Mittellinie falten und wieder öffnen.

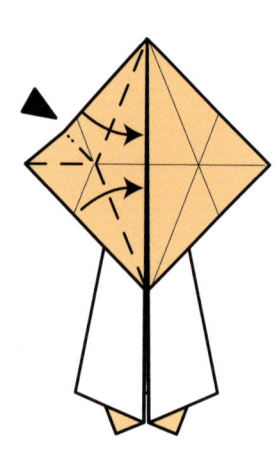

11. Faltkanten wie abgebildet ausformen und so die linke Seite zusammenklappen.

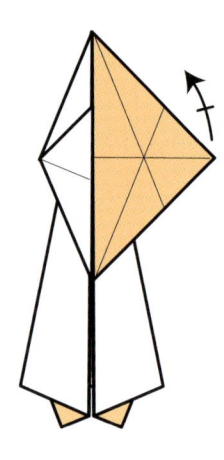

12. Schritt 11 rechts wiederholen.

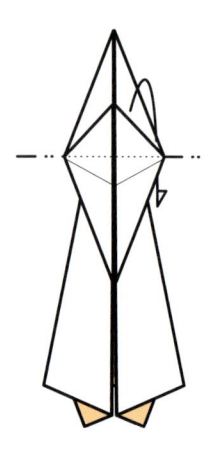

13. Die Spitze nach hinten falten.

14. Modellspitze bis zur Markierung nach unten falten und dabei die kleine Ecke auf der Rückseite freilegen.

15. Modell entlang der Mittellinie zusammenfalten und dann um 90° Grad drehen.

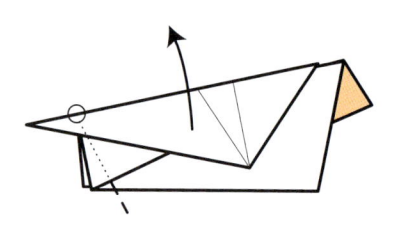

16. Vorderen Modellbereich (Kopf und Hals) um den Drehpunkt nach oben schwingen.

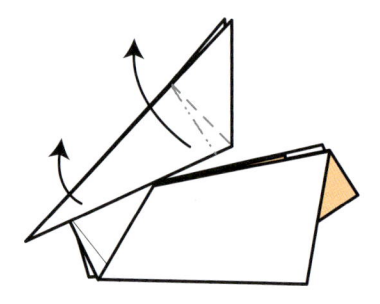

17. Den Kopf um den Drehpunkt nach oben schwingen. Flachdrücken.

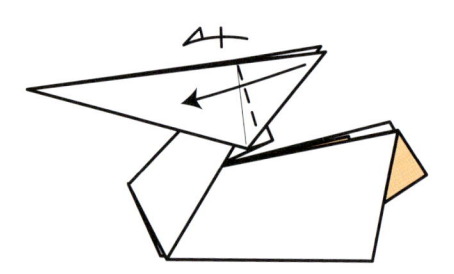

18. Die Spitze auf die Mitte des Kopfbereichs falten. Auf der Rückseite wiederholen.

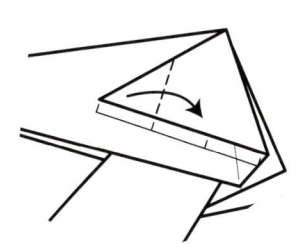

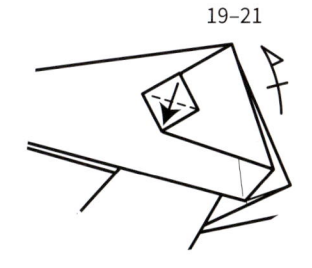

19. Spitze um ⅓ zurückfalten.

20. Spitze öffnen und quadratisch flachdrücken. So entsteht das Auge.

21. Obere Papierlage diagonal falten. Schritte 19–21 auf der Rückseite wiederholen.

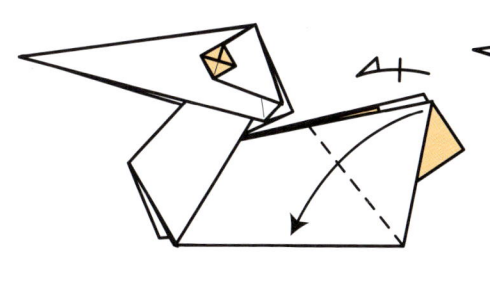

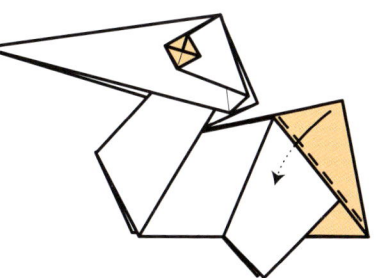

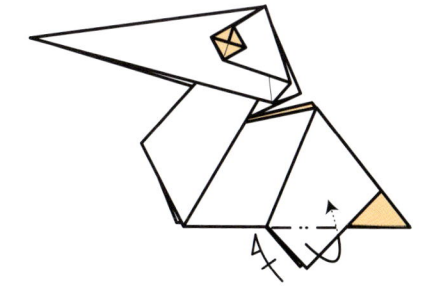

22. Hintere Lagen an die Unterkante des Modells falten.

23. Ecke umfalten und unter die obersten Papierlagen stecken.

24. Überstehendes Papier nach innen falten. Auf der anderen Seite wiederholen.

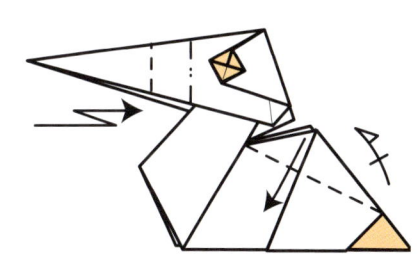

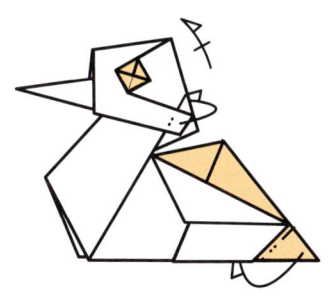

25. Schnabel im Zickzack nach innen falten. Beide Flügel herunterfalten.

26. Die Spitze sowie überstehendes Papier am Hinterkopf nach innen falten.

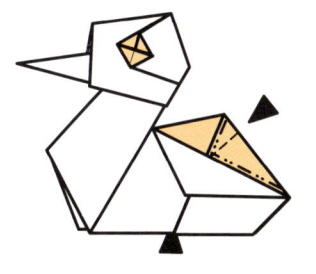

27. Den Rücken durch eine Querfalte eindrücken und das Modell von innen ausformen.

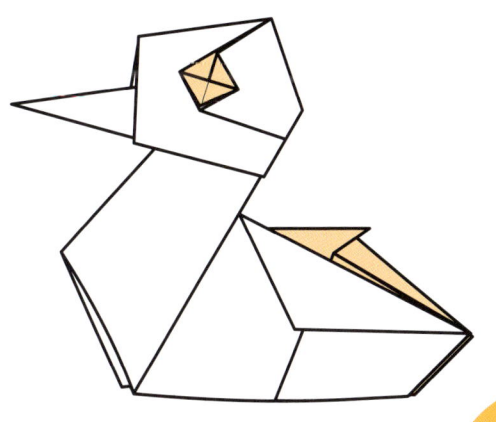

73

HELIKOPTER

Um detailreiche Objekte aus einem Blatt zu falten, benötigt es in der Regel viele komplizierte Faltschritte. Einfacher ist es, solche Modelle aus mehreren Teilen zusammenzusetzen. Der hier präsentierte Hubschrauber besteht aus drei Modulen.

von Stefan Delecat · Größe: 20 cm lang (großer Helikopter)
15 cm lang (kleiner Helikopter)

SCHWIERIGKEITSGRAD
★★★

MATERIAL

FÜR DEN GROẞEN HELIKOPTER

- Origamipapier in Dunkelblau (Chassis) und Silber (Haupt-Rotor), ca. 80 g/m², 21 × 21 cm
- Origamipapier in Silber (Heck-Rotor), ca. 80 g/m², 7 cm × 7 cm

FÜR DEN KLEINEN HELIKOPTER

- Origamipapier in Dunkelblau (Chassis) und Silber (Haupt-Rotor), ca. 65 g/m², 15 × 15 cm
- Origamipapier in Silber (Heck-Rotor), ca. 65 g/m², 5 cm × 5 cm

CHASSIS

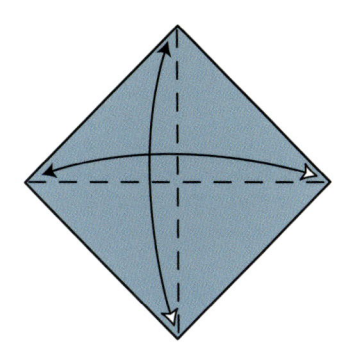

1. Die Farbe des Chassis zeigt nach oben. Diagonalen falten und wieder öffnen. Modell wenden.

2. Papier zur Hälfte falten und wieder öffnen.

3. Ein zusammengeschobenes Quadrat falten.

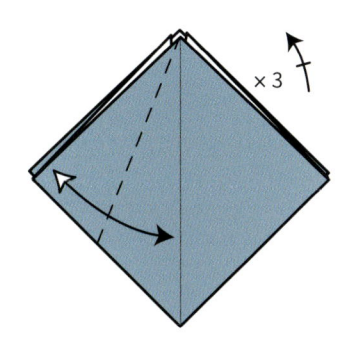

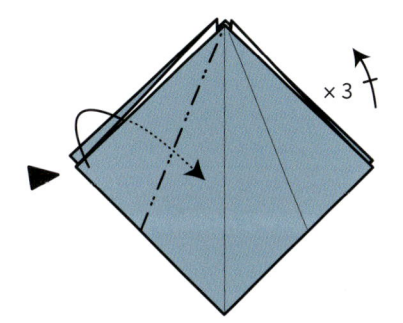

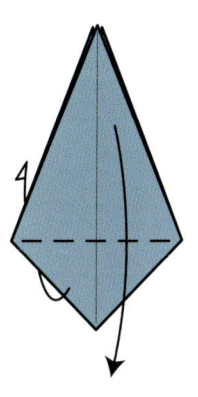

4. Kante zur Mittellinie falten und wieder öffnen. An den anderen Ecken wiederholen.

5. Linken Flügel entlang der Faltlinien von Schritt 4 nach innen falten. An allen Ecken wiederholen.

6. Oberste Lage herunter und die untere Ecke nach hinten falten.

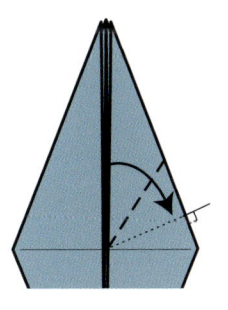

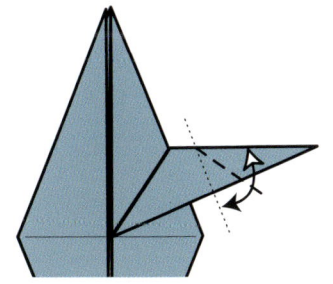

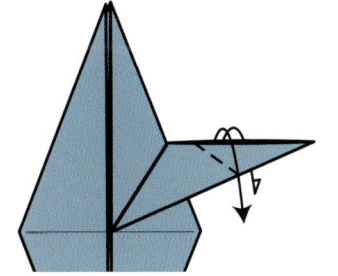

7. Spitze nach außen falten, sodass ein rechter Winkel entsteht.

8. Spitze parallel zur Modellkante falten und wieder öffnen.

9. Entlang der vorgefalteten Linien nach außen stülpen.

75

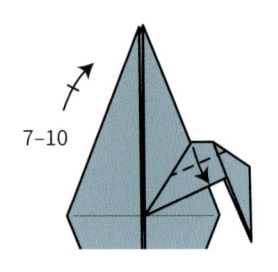

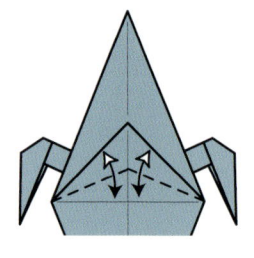

10. Wie dargestellt zur Hälfte falten. Dann Schritte 7–10 auf der linken Seite wiederholen. Modell wenden.

11. Winkelhalbierende falten und wieder öffnen.

12. Das Dreieck mithilfe vorhandener Faltlinien zusammenklappen. Die entstehende kleine Spitze hochstehen lassen.

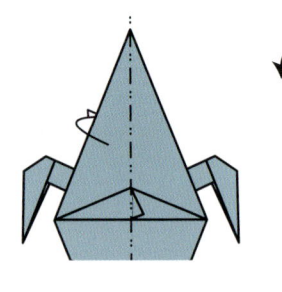

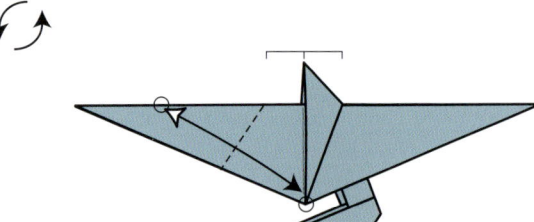

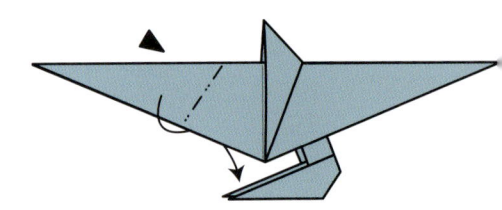

13. Das Modell längs nach hinten zusammenfalten und um 90° drehen.

14. Modellkante an die Markierung falten und wieder öffnen.

15. Die Spitze nach innen falten.

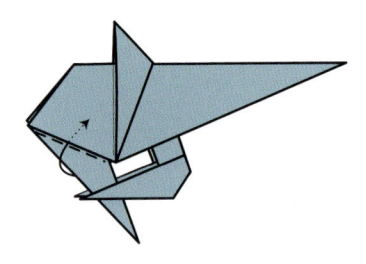

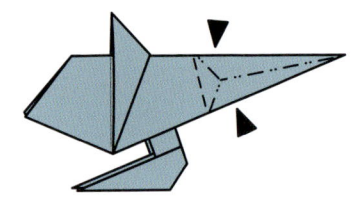

16. Dann entlang der Papierkante umfalten und nach innen stecken.

17. Hinteren Teil wie eingezeichnet beidseitig schmal zusammendrücken.

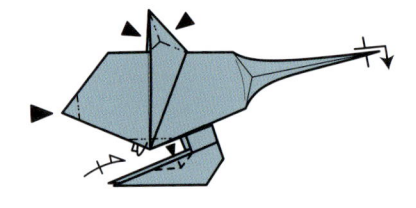

18. Hubschrauberkabine und Kufen ausformen. Haupt-Rotorachse spitz zusammendrücken. Hintere Achse am Ende rechtwinklig nach vorne umknicken.

Das fertige Chassis.

ROTOREN

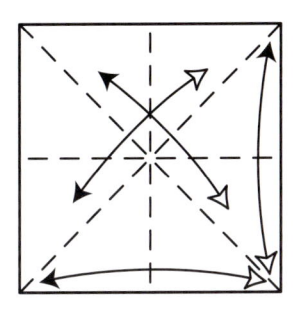

19. Die Farbe des Rotors zeigt nach unten. Papier zweimal zur Hälfte und zweimal diagonal falten. Wieder öffnen.

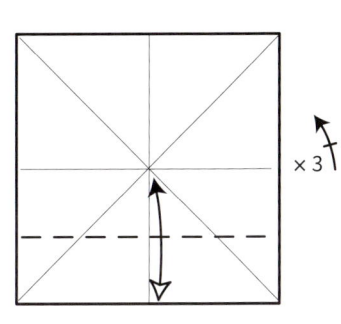

20. Untere Kante zur Mittellinie falten und wieder öffnen. An den anderen Seiten wiederholen. Modell wenden.

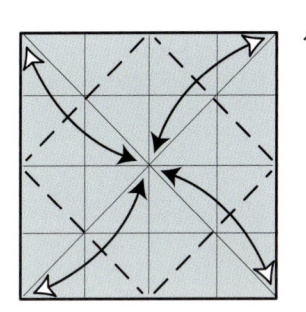

21. Ecken zur Mitte falten und wieder öffnen. Modell wenden.

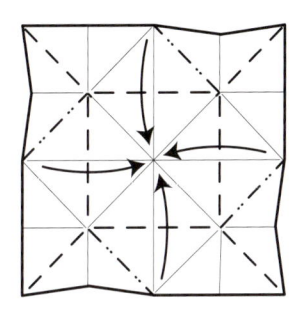

22. Alle Seiten zur Mitte falten und dabei die vier Spitzen windmühlenartig nach außen bringen.

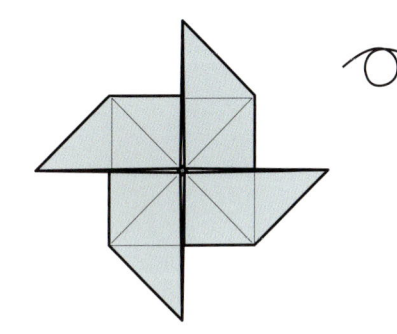

23. Modell wenden.

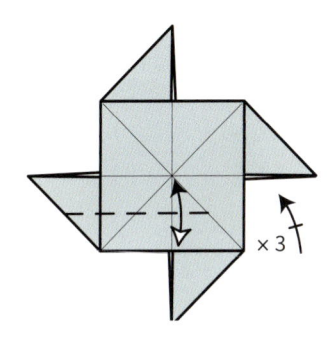

24. Zur Hälfte falten und wieder öffnen. An den anderen Flügeln wiederholen. Dann alle Flügel gleichzeitig falten und windmühlenartig verschließen.

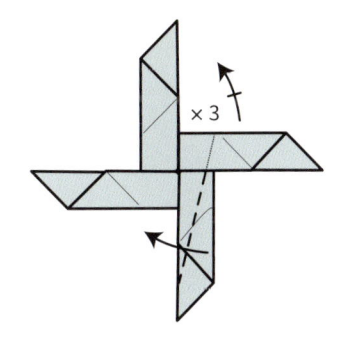

25. Rotorblätter schmaler falten. Die Falte beginnt jeweils etwas unter dem vorherigen Rotorblatt.

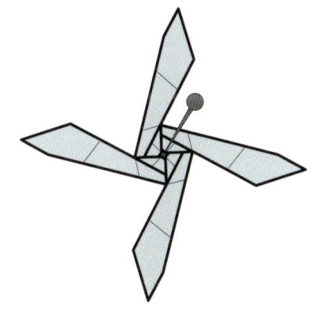

26. Gut flachdrücken. Mit einer Stecknadel ein kleines Loch piksen.

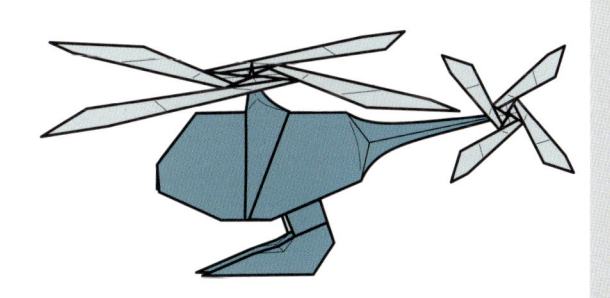

27. Die Rotoren auf die Achsen des Chassis aufstecken – fertig.

GRUNDLAGEN

FALTSYMBOLE

Origami-Faltskizzen beinhalten viele verschiedene Pfeile und Symbole. Damit Sie stets den Überblick behalten, haben wir hier die wichtigsten noch einmal aufgelistet.

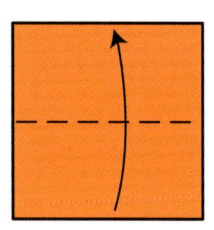

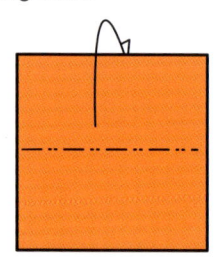

Talfalte: In Pfeilrichtung entlang der Strichlinie falten.

Bergfalte: Nach hinten entlang der Strichpunktlinie falten.

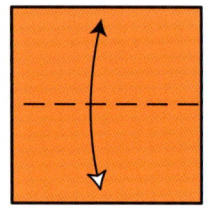

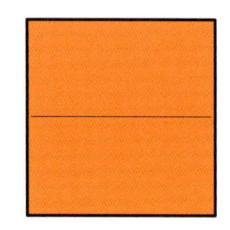

Falten und entfalten: Talfalte anlegen und wieder öffnen. Als Ergebnis entsteht ein Knick.

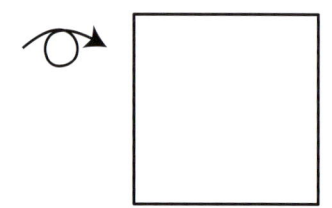

Modell wenden: Papier bzw. Modell anheben und mit der Rückseite nach oben ablegen.

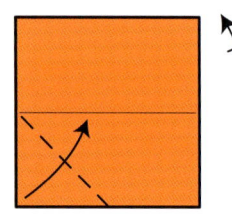

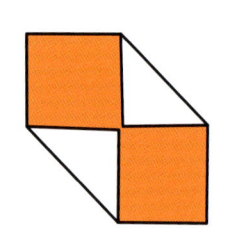

Faltschritt(e) wiederholen: Die in der vorliegenden oder auch in den vorausgehenden Skizzen dargestellten Faltanweisungen an anderer Stelle des Modells wiederholen.

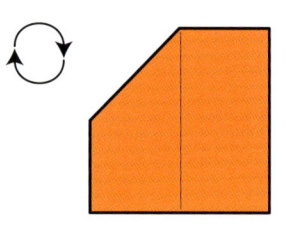

Modell um 180° rotieren: Modell um 180° um die Mittel-Achse drehen, ohne anzuheben.

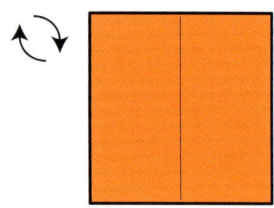

Modell um 90° rotieren: Modell um 90° um die Mittel-Achse drehen, ohne anzuheben.

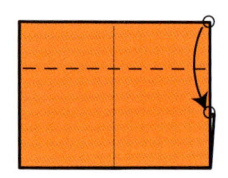

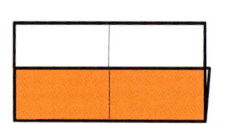

Auf die Markierung falten: Genau bis zu dem angegebenen Punkt falten.

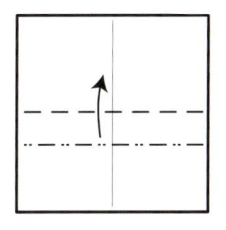

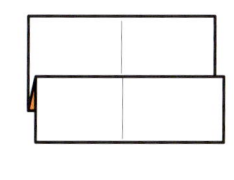

Zickzackfalte: Kombination von Tal- und Bergfalte.

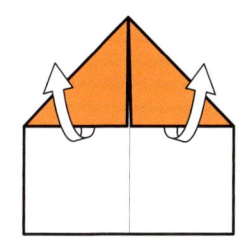

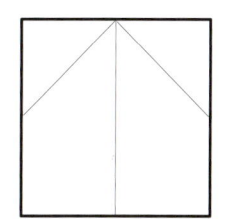

Papierlagen anheben / öffnen: Bereits gefaltete Bereiche des Modells wieder entfalten.

GRUNDFORMEN

Viele Origami-Faltungen basieren auf den gleichen Grundformen. Wenn Sie die wichtigsten Formen beherrschen, können Sie sie leicht abwandeln und eigene Modelle damit entwerfen. In diesem Buch werden zwei davon verwendet und hier noch einmal ausführlich erklärt.

ZUSAMMENGESCHOBENES DREIECK

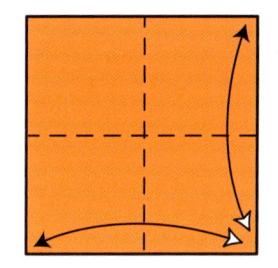

1. Das Papier zweimal zur Hälfte falten und wieder öffnen. Modell wenden!

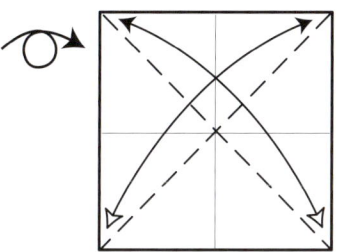

2. Beide Diagonalen falten und wieder öffnen.

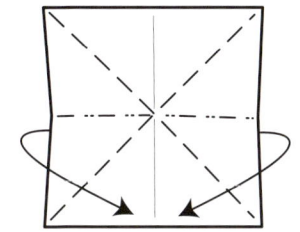

3. Mithilfe der Faltlinien aus den vorherigen Schritten das Papier zu einem Dreieck zusammenlegen (auch als Wasserbomben-Grundform bekannt).

ZUSAMMENGESCHOBENES QUADRAT

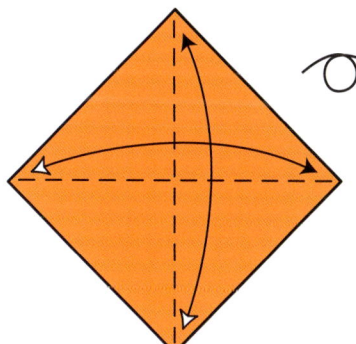

1. Beide Diagonalen falten und wieder öffnen. Modell wenden!

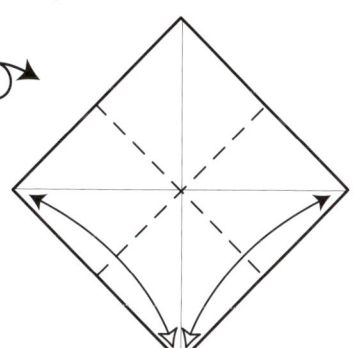

2. Das Quadrat zweimal zur Hälfte falten und wieder öffnen.

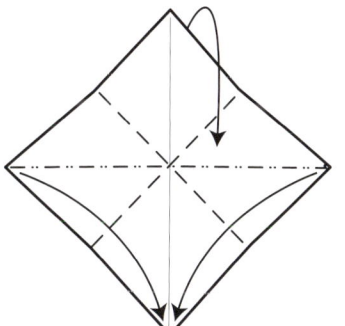

3. Mithilfe der Faltlinien aus den vorherigen Schritten das Papier zu einem Quadrat zusammenlegen.

SCHWIERIGKEITSGRADE

★ ☆ ☆ für Einsteiger
★ ★ ☆ für Fortgeschrittene
★ ★ ★ für Geübte

AUTOREN

Nick Robinson
Nick Robinsons Origami-Biografie beginnt in den 80er Jahren. Auf der Suche nach einer kreativen Beschäftigung testete er zunächst viele Techniken von Makramee bis Korbflechten aus, bevor er die japanische Faltkunst für sich entdeckte. Seit dieser Zeit hat er über 200 Faltungen entworfen, die weltweit in über 60 Büchern veröffentlich wurden. Seine Kreationen sind außerdem in Werbekampagnen, im Fernsehen und in ausländischen Zeitungen zu sehen. Er arbeitet heute als selbstständiger Origami-Künstler und wohnt mit seiner Frau, seinen zwei Kindern und den Katzen Pickle und Rhubarb in Sheffield, England.
www.origami.me.uk

Evi Binzinger
Die gelernte Grafik-Designerin und freiberufliche Künstlerin faltete bereits als Kind mit ihrem Vater Schiffchen, Sterne und Papierflieger. Doch so richtig infizierte sie der Faltvirus erst als Erwachsene. Als Mitarbeiterin an einer Grundschule war sie auf der Suche nach einer kostengünstigen Beschäftigung für Schulkinder. Bei der Recherche nach einfachen Faltanleitungen entdeckte sie, wie viele wunderschöne Modelle es gibt. Sie fing an Faltungen und Bücher zu sammeln, wurde Mitglied im deutschen Origami-Verein und entwickelte schließlich auch eigene Kreationen. Diese wurden in mehreren Büchern veröffentlicht und erfreuen sich heute weltweiter Anerkennung.
www.kunstkauz.de

Stefan Delecat
Im Jahre 1996 blätterte der Geologe Stefan Delecat in einem Buch über die künstlerische Anwendung von Papier. Die Faltanleitung für das Modell Jack-in-the-Box (ein Männchen, das mithilfe einer Sprungfeder aus dem Deckel hüpft) weckte seine Neugier. Er prägte sich vor Ort die mehrere Seiten lange Faltanleitung ein und faltete sie anschließend zu Hause nach. Vollkommen fasziniert nahm er Kontakt mit dem deutschen Origami-Verein auf, um herauszufinden, ob es noch mehr Modelle dieser Art gäbe. Seitdem lässt ihn die Faltbegeisterung nicht mehr los. Er entwirft in seiner Freizeit eigene Origamimodelle, die er in Ausstellungen zeigt und in Tagungsbänden und Büchern veröffentlicht.
www.papierfaltkunst.de

Modell- und Bildnachweis
Modelle:
Evi Binzinger (Entwurf und Realisation S. 13–18, 22–26, 35–53, 66–69),
Stefan Delecat (Entwurf: S. 30–34, 54–61, 70–77; Realisation: S. 6–12, 19–21, 27–34, 54–65, 70–77)
Francis Ow (Entwurf: S. 8/9)
Nick Robinson (Entwurf: S. 6/7, 10–12, 27–29, 62–65)
Traditionelles Modell (Ursprung unbekannt) (S. 19–21)

Faltskizzen: Nick Robinson

Fotos: André Köhl (alle Modellfotos); Fotolia.com: © tashka2000 (Kartonhintergrund Materialliste)

Illustrationen: Irina Gilgen